英語嫌いをなくす！

生徒をぐいぐい授業に引き込む教師のスゴ技

個別最適で協働的な学びを実現する
スローラーナー指導法

| 佐々木 紀人

学陽書房

はじめに

　本書は、英語科教育におけるスローラーナー指導のためのガイドブックです。一般的な教育書とは異なり、初めてスローラーナー指導に特化した構成となっています。

　さて、新学習指導要領は、小中学校においてすでに全面実施を迎え、高校においては、次年度から年次進行で実施となります。これに伴い、日本中の先生方がさらなる授業改善に取り組んでいます。

　では、実際にどんな授業が展開されているのでしょう。

A先生の授業

　このクラスは学習規律がとてもしっかりしています。でも、あれ？ 先生がしゃべりっぱなしです。学習者は、説明を受けてワークを解いて、答え合わせをして、終了？ そういえば、みんな目が死んでいますね。

B先生の授業

　このクラスは、ゆるい感じがするけど、各自学び方を身に付けていて、協力しながら主体的に学習課題に迫っています。ところで先生はどこ？ えっ、そこにいたの！ 先生の存在感なし！ でも、何かいい感じ♪

　これから目指す学びは、もちろんB先生タイプの授業です。
　ところが、A先生タイプの授業もまだまだ見られます。今回の新学習指導要領の高度化は、アップデートを済ませた教師とそうでない教師の間に、こうした「指導格差」を生じさせています。
　そして、この「指導格差」によって、多くのスローラーナーが生まれようとしています。
　また、今の日本の教育は、「指導格差」の要因以外にも、以下のようにスローラーナーを生みかねない多くの要因を抱えています。

①新学習指導要領や評価方法の高度化に伴い、教師の「指導格差」
　に拍車がかかり、スローラーナーが生まれやすくなっている。
②小学校英語がスタートし、これまでよりも早い段階で「英語嫌い」
　が生まれやすい環境にある。
③「経済格差」によって生まれた「教育格差」が深刻な状況にあり、
　すでにスローラーナーが量産される社会情勢にある。
④スローラーナー指導のノウハウが十分に蓄積・共有されておらず、
　スローラーナーの増加に対応できない。

　そんな状況にありながら、これまでスローラーナー指導の分野に光が当たることは少なかったように思います。このままだと、その扱いに困窮する学校や教師がますます増えるでしょう。

　こうしたことから、スローラーナー指導の経験がある私が、本書の執筆に取り組むこととなりました。

　本書が、英語学習につまずいている子供たち及びスローラーナー指導に悩んでいる先生方に少しでも寄与することを祈っています。

　最後になりますが、執筆を勧めてくれた上山晋平先生、全国のすばらしい先生方と私をつないでくださった谷口幸夫先生、執筆許可を出してくださった寛容なる青森県教育委員会、おそらく日本で最も楽しい教育委員会の一つ青森県教育庁東青教育事務所の上司・同僚の皆様、執筆中の私を支えてくれた家族（愛猫ニコを含む）、そして、常に的確な指示とアドバイスをくださった学陽書房の河野史香さん、これらすべての方々に衷心より感謝の意を表します。

　2021年8月吉日

佐々木 紀人

CONTENTS

一人ひとりが伸びる！スローラーナー指導法

第**3**章 学習集団づくり＆具体的指導

第 **4** 章 スローラーナーを
巻き込む技＆クラスづくり

第 1 章

なぜ「スローラーナー指導」が大事なのか？

1 そもそも スローラーナーって何？

勉強が苦手な子はスローラーナー？

　スローラーナーという言葉ほど使いやすく、それでいて意味が曖昧な教育用語はあまりないですよね。普通、スローラーナーといわれて思い浮かべるイメージは、「勉強の苦手な子」です。

　ところが、スローラーナーという言葉のもつ響きは、教師の置かれた環境によってガラリと変わります。たとえば、ある学校では、発達障害が疑われる学習者のことです。また、ある学校では、問題行動を起こす学習者のことです。

　この言葉が変幻自在に使われる一番の理由は、教師にとって都合のいい言葉だからです。「落ちこぼれ」のようなキツい言葉を使うのは抵抗がありますが、スローラーナーだとオブラートに包んだような印象です。

　しかし、**スローラーナーという言葉の向こうには多様な存在があり、これを漠然と、しかも一括りで扱ったのでは、勉強ができるようになりたくて必死にもがいている学習者に失礼**ではないでしょうか。

　となると、スローラーナーという言葉には定義が必要なはずですが、明確な定義がないのが現状です。

　しかし、本書は、スローラーナー指導の手引き書ですので、まずは本書で用いるスローラーナーという言葉の意味をハッキリさせます。

本書が定義するスローラーナー

> 【本書におけるスローラーナーの定義】
> 　スローラーナーとは、学習者・家庭・学校・教師・指導方法などの要因により、学習につまずいたり、学習を苦手と感じたりする学習者の総称である。そして、その存在は絶対的なものではなく、置かれた環境によって変化する相対的なものである。

　「絶対的なものではなく、置かれた環境によって変化する相対的なものである」とはどんな意味でしょう。

　小中学校では優秀な成績を収めていたＡさんがいるとします。Ａさんは中学校を卒業すると、地域では有名な進学校に入学しました。すると、周囲のレベルの高さにまったくついていけなくなり、スローラーナーへと転落しました。

　実はこれ、私自身のことです。この経験から私が学んだことは、**学習者は誰しもが、置かれた環境によってスローラーナーになり得る**ということです。

　進学校にはスローラーナーがいないと思ったら大間違いです。実は、進学校ほど成績の序列がハッキリするので、相対的にスローラーナーが発生しやすいのです。

スローラーナーとは学習を苦手と感じる学習者を指す！

2 スローラーナー指導に 取り組むようになった きっかけ

✦ やり込めようとする教師と反発する子供たち

　私が、スローラーナー指導に注力するようになったきっかけを記しておきます。それは、決してほめられるものではありません。どうか、他山の石としてください。

　当時、私が転勤した中学校は、地域でも有名な生徒指導困難校でした。転勤当初は、子供たちの粗雑さばかりが目に付き、手のかかる子供たちを教師が面倒を見てやっている、という印象をもちました。

　ところが、日が経つと違う面が見えてきました。困惑したのは、教師のスローラーナーを小バカにした態度と、子供や保護者へのあからさまな悪口でした。

　「この学校の子供って哀れですよね。どうしてこんなに無知なんだろ」と言ってはばからない教師。スローラーナーを追い込んでいくような指導をする教師。そこには、「やり込めようとする教師」と、それに「反発する子供たち」という構図がありました。

　教師だって人間です。言うことを聞かないスローラーナーについて、ときには愚痴をこぼすこともありますし、思わずキツい言葉が出ることもあります。だからといって、愛情を注ぐべき子供たちに対して、口汚く陰口を叩いたり、小バカにした態度をとるのは間違っています。

　私は、同僚の教師にあるまじき姿を見るにつけ、日々心がすり減っていくのを感じました。

職員会議での発言によって孤立…

　私は何とか１学期をやり過ごしましたが、このままではいけないと意を決し、夏休み中の職員会議で「先生方、子供と保護者の悪口を言うのはもうやめましょう！　悪口を言ったって、何一ついいことはないじゃないですか。本校に必要なのは、教師が子供を尊敬、尊重する態度です」と心から訴えました。

　しかし、この発言を境に、私は校内で孤立しました。

　今度は私が「上から目線」「いい気になっている」と陰口を叩かれるようになり、経験年数の浅い教師にさえ、「イタい教師」として扱われているのがわかりました。気丈に振る舞ってはいましたが、つらい日々でした。

スローラーナーと輝こう！

　どうすればこの学校を変えることができるのか。私の頭は寝ても覚めてもそのことばかりでした。そして、自分にできることが一つあると気付きました。**それは、真心の指導を通して、あの荒れた子供たちを変容させることでした。**

　スローラーナーが生き生きと学習するようになれば、それを見て何かを感じる教師もいるのではないか。そう考えると、ふと「スローラーナーと輝こう」という決意の言葉が口をつきました。

生徒指導困難校で決意を固める！

3 まずは学校や学習者の実態把握を！

実態があって対策がある！

話を春先に戻しましょう。

私がこの学校に来てから真っ先に行ったことは、実態の把握です。

学習者の知的水準、学習歴、興味・関心、教師との関係、部活動の加入具合、保護者の傾向、地域の教育力など、あらゆることを検証し、正確な実態把握ができてこそ、効果的な対策が生まれます。

そのためには、以下のような資料が参考になります。

実態把握のために用いた資料

資　料	把握できるもの
各検査・テストの結果とその分析	知的水準、教科の得意不得意、教科の単元・領域ごとの得意不得意、学校としての分析の深まり
研究紀要	学校が目指す学び、学習歴、指導歴、校内研修の深まり、教師の学習指導の熱心さ
家庭調査票	家庭環境、保護者の職業、交友関係、部活動、保護者の願い
問題行動の記録	学校・学年の問題行動歴、問題行動を起こす学習者、問題行動を起こす学習者の交友関係
学校便り、学年便り、学級通信等	学校・教師の学習者観・指導観、行事の様子、人間関係、学習者の作文レベル

当初の分析から見えてきた実態

- 男子の一部が2学年のときから授業の抜け出し、授業妨害、授業中の立ち歩きなどをして周囲を困らせていた。
- 集団全体が教師の威圧的な指導にうんざりしていて、学校・教師に対して不信感をもっていた。
- 男子の中にスクールカーストのような人間関係が見え隠れし、ほとんどの学習者が学校・学級に居づらさを感じていた。
- 問題を起こす学習者でも、部活に対する意欲だけは信じられないほど高かった。
- 女子の知能指数が58と高く、学習に前向きな学習者もいた。

 ## クラスの半分が1or2の評定

その後、実態把握が進めば進むほど、私は絶望の境地に追い込まれていきました。

最も衝撃的だったのは、3学年の英語の成績です。彼らの英語のNRT（標準学力検査）の結果を見ると、約60名いる学習者のうち、**5段階評定で1・2に該当する学習者が51%**もいたのです。

私は、それまで勤務した学校で、4・5の段階の学習者が半数を超えるというのは何度か経験していました。しかし、1・2の段階が半数を超えるなどというのは前代未聞です。

このとき、転任早々、教頭先生に言われた言葉を思い出しました。

「佐々木先生、うちの学校のレベルは、各教科とも平均点からマイナス10点とお考えください。でも、英語だけは、常にマイナス20点ですからよろしくお願いします」

…なるほど、確かにおっしゃるとおりだ。

こうして、私は不安な気持ちを抱えながら、スローラーナーの指導をスタートさせました。

スローラーナー指導の
残酷な現実

 ## スローラーナー指導の現実

　ここまで学力が不振を極めると、授業態度もそれはそれはひどいものでした。授業を抜け出す学習者。ワークシートを配っても、それをその場でビリビリと破り捨てたり、紙飛行機にして窓から外に飛ばしたりする学習者。ひたすらおしゃべりをする学習者。立ち歩きをする学習者。手鏡で自分の顔をひたすら見ている学習者。寝ている学習者…。

　こうした通常では考えられない学習態度が、彼らにとっては当たり前の光景でした。

　当時、学年で使っていた「授業の様子記録用紙」を見てみると、項目が次のようになっていました。

以下のケースに当てはまる場合は、該当箇所に丸を記入する。
- 私語が止まらず、他の生徒の邪魔となっている。
- 勝手に立ち歩く。
- 教師の指示に従わず、好き勝手なことをしている。
- その他、著しく授業を妨害している。

目に余る場合は、「３学年の授業対応について」に従って指導をする。

　「３学年の授業対応について」とは、結局、家庭に電話をして、子供を引き取ってもらうことです。これがスローラーナー指導の現実です。

英語の授業がうるさいんですけど…

　この手の施しようのない状況で、私がまず目指したことは二つあります。**一つは、学習者がみんな着席した状態で授業を始めること。もう一つは、学習者の教師に対する敵視を解消することです。**

　着席に関しては、私には「休み時間プレミア」（第４章３を参照）という得意技があります。今習っている言語材料と関係のある歌や動画を休み時間に流す手法です。これがこなれてくると、みんなで英語の歌を大声で歌ったりするなど、実にいい状態で授業に入ることができます。

　ところが、荒れた学校というのは、「節度のある楽しみ方」ができません。せっかくの楽しい雰囲気も、気分がハイになりすぎて奇声を上げたり、授業が始まっても「もう一回曲を流せ！」と騒ぎ立てたり、授業どころではありません。

　そうしているうちに、隣で授業をやっている先生から、「いつも英語の授業がうるさいんですけど」と嫌味を言われるようになる始末・・・。

 ## 遠く離れた会議室へ引っ越すも・・・

　私は、収拾がつかない状態になりかけていたことを反省し、１階にあった３年生の教室から、うるさくても周囲に迷惑のかからない３階奥の会議室に移動して授業をすることにしました。

　ここなら誰にも迷惑がかからない。大声で歌っても、ゲラゲラ笑っても大丈夫。うれしいことに、問題を起こしがちな学習者たちも、「休み時間プレミア」目当てで遅れずに授業に来るようになっていました。

　ところが、また新たな問題の発生です。会議室だと机の配置が普段と違うため、みんな自分勝手に好きな者同士で並んで座り、おしゃべりばかりしてまったく授業にならないのです。

　内心、会議室で学習規律を整えながら良好な人間関係を築き、いずれはもともといた１階の教室に“凱旋帰国”しようと考えていた私の目論見に、早くも暗雲が立ち込めました。

5 数字は言葉より重い

✦ ペア・グループ学習に活路を見出す！

　５月のある日のことです。スローラーナーたちが、また好き勝手に座っ
て騒いでいました。私は、「君たちの意見を聞いて席替えをする。だから、
授業中の私語はもうやめなさい」と強く言い放ちました。

　私は、受け持ちの１組、２組それぞれの学級役員に、みんなの意見を
集約し、相性を考慮して席を決めてくれと頼みました。そして、これが
劇的に効きました。あのスローラーナーたちの私語が減り、少しずつ学
習に参加する時間が増えていきました。

✦ 自分で語らず、数字に語らせる

　もう一つ効果的なものがありました。それは、授業改善アンケートの
結果を学習者に提示することでした。

あなたのクラスは学習マナーを守っている。	全体	１組	２組
①とても（そう言える。）	0%	0%	0%
②まあまあ（そう言える。）	6%	0%	13%
③あまり（そう言えない。）	40%	41%	38%
④ぜんぜん（そう言えない。）	54%	59%	49%

　アンケートを定期的にとり、その結果を学習者にフィードバックすることは、どうやら教師に叱られるよりも効果があるようです。

　スローラーナーだって、自分たちのやっていることがダメなことはわかっています。授業がわからないから、やむを得ず照れ隠しでふざけるのです。でもそこへ、仲間のこんな意見をぶつけられたら、自分なりに考えることがあるのでしょう。**ときに数字は言葉より重いのです。**

✨ 学習者の意識が変わり始める！

　こうした現実と対峙し、私は自らの姿勢で学習者を変えるため、「誰よりも早く、誰よりも遅く」まで仕事をする決意をしました。

　「働き方改革」の意識などなかった当時、私は、朝6時前に登校し、夜は11時過ぎまで猛烈に働きました。午前様も何日あったかわかりません。

　すると、変化が出てきました。スローラーナーが、配ったプリントを破り捨てたり、紙飛行機にして飛ばしたりすることがなくなりました。

　また、彼らを注意する際に、「それはアンケートでも書かれていたことだから直そうよ」などと呼びかけることで、明らかに反発が弱まりました。

　どうやら、教師には嫌われても、仲間には嫌われたくなかったようです。

　そうこうしているうちに、彼らは互いに注意をし合うようになりました。また、ヘトヘトになりながら授業の準備をしている私に対して、気遣いを見せるようになりました。

　ついに、学習者の意識が変わり始めたのです。

6 集団が自己調整し始める！

✨ ようやくスタートラインに！

　7月に入ると、クラスのムードが変わり始めました。「休み時間プレミア」効果で、全員着席した状態で授業ができるようになり、意図的な席順によって、スローラーナーの授業への関与がますます増えました。

　何より、教師である私を仲間として認めてくれるようになりました。

　私は、ようやくスタートラインに立った気分でした。

✨ 集団が自己調整し始める！

　私は、春先に示したグランドルール（第3章2を参照）を、再び確認することにしました。すると、以前はおしゃべりばかりで聞く耳をもたなかった彼らが、今回は、その意義をなんとなく理解しているのがわかりました。

　その他にも、A Win-win Relationship（第4章6を参照）に基づくペア・グループワークの大切さ（第3章5を参照）、家庭学習の仕方（第3章16を参照）などについても、真剣に話を聞いていました。

　それ以来、ペア・グループワークは、歯車が噛み合ったように機能し始めました。そして、教室のあちこちで学習者同士、教える、教わるという光景（第4章7を参照）を目にするようになりました。

　一番驚いたのは、女子の数名が、「あそこのグループはおしゃべりが多い」「あのペアとこのペアを替えたほうがいい」などと集団としての

自己調整を始めたのです。ついに、学びが動き始めました。

スピーチコンテストで20年ぶりの快挙

　こうなってくると、あとは集団に勢いをつけたいものです。ちょうどその年は、好材料がありました。8月下旬に、自校を会場に、地区のスピーチコンテストが開催されることになっていたのです。

　これに関しては、春先から出場者を募集しても人が集まらず、頭を悩ませていました。でも、7月に再び声をかけると5名が希望し、校内選考会を経て、学年一優秀な女子1名と、部活をやめ、勉強にも身が入らず、宙ぶらりんな状態になっていた男子1名を選出しました。

　この両名の食いつきは、とにかくすごかった。夏休み中、朝一で自主練習、午前は受験対策の講習会に参加、午後は夕方まで個別指導と自主練習の繰り返し。あまりのガッツにこちらが音を上げるほどでした。

　結果として、女子は「創作の部」で優勝、男子は「暗唱の部」で惜しくも入賞を逃しましたが、二部門の合計点で争われる団体賞を、仲間の目の前で獲得しました。団体賞は、20年ぶりの快挙でした。

　これが、どれだけ仲間を勇気付けたことか。教育困難校の自分たちでも、「やればできる」と目つきが変わった瞬間でした。

ついに1階教室に"凱旋帰国"

　9月最初の授業、私は1階の教室に戻ることを提案しました。また、1学期はなぜ会議室で授業を行ったかについても素直に話しました。すると、みんな大賛成で1階に戻ることにしました。

　この頃には、周囲に迷惑をかけるような子はほとんどいなくなりました。**授業についてこれなくなると態度が悪くなる子は何人もいましたが、むしろそのほうが個別指導に便利**でした。

　そして、だんだんとほめることが多くなりました。仮に叱ることがあっても、反発するようなことはなくなりました。

7 2学期から前向きな変化が 次々と見られるように!

 ## えいごリアンで時間短縮

2学期の「休み時間プレミア」では、以前NHK教育テレビジョンで放送されていた、小学生向け英語教育番組「えいごリアン」(第4章4を参照)を多用しました。

具体的には、休み時間に前時に習った言語材料の動画を見せておいて、授業が始まるとそのままSmall Talkに突入するのです。

これを何度か繰り返すと、スローラーナーでもボソボソと英語を話すようになります。

そうなったら、彼らをどんどん授業に巻き込み、彼らが主役の授業を展開するようにしました。

 ## 女子が次々と変身していく!

スローラーナー指導と等しく大切なのが、上位層や中間層への指導です。特に、**上位層が他に頼らず自力で進んでいくような集団にしなくては、とてもじゃありませんが、スローラーナー指導に手が回りません。**

実は、私は春先からずっと女子集団に期待をしていました。彼女たちは、知能と学力のギャップが10以上もあるアンダーアチーバーの集団なので、彼女たちが本気を出せば、間違いなく集団は変わるのです。

そして、私の期待どおり、彼女たちは次々と学びに目覚めていきまし

た。

　学習者が本気になるとどうなるのでしょうか？

　「自分はどうすればもっと伸びるの？」とか、「私には何が足りないの？」などと学びに貪欲になり始めるのです。

　そういうときにこそ、適切なフィードバック（第2章9、10を参照）が必要です。自力のある学習者は、適切な方向性を示せば、自分でそちらへ走り出します。

経験したことのない加速感

　10月に入ると、学習者の前向きな変化が次々と見られるようになり、私はそれをどうほめようか、どう授業に結び付けようかワクワクするようになりました。ついに、スローラーナーと向き合う苦しさから抜け出したのです。

　その後は、学習者がほめても伸びる、叱っても伸びる、手をかければ伸びる、かといって放っておいても伸びる、というようになりました。元々、教師に反抗するだけのパワーをもっている子供たちなので、ガッツがすごいのです。

　模擬テストでは、テストを受けるたびに平均点が上がっていきました。そして、ついには地区の平均点を超えるところまできました。

　2学期中の学力の上がり方といったら、過去にも先にも経験したことのない加速感でした。

女子集団が次々と変身していく！

⑧ スローラーナー指導の成果

✨ スローラーナーの変容で結果が出る!

　結局、この学年の子供たちは大きく変容し、高校受験において、その学校の過去10年間のどの学年よりも優秀な成績を収めました。

　そして、難関校合格も含め、全員が進路希望をかなえるという快挙を成し遂げました。その躍進を陰で支えた要因の一つが、英語の成績の伸びであったことは、私のわずかな誇りとなっています。

　このグラフは、私が受け持った3学年のNRTの結果の推移です。

　塾の宣伝などで見る「偏差値30アップ」とまではいきませんが、年々、ジワジワと学力を向上させることができました。

3学年の成績推移

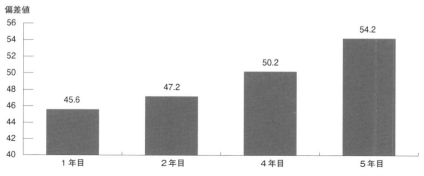

偏差値

1年目	2年目	4年目	5年目
45.6	47.2	50.2	54.2

※3年目は3学年の担当はなし

24

次の数値は、私がこの学校で最後に教えた学年の数値です。

この頃になると、学習規律は浸透し、学びはすべて自動化され、毎時間の授業が楽しくてしょうがない夢のような日々でした。

青森県学習状況調査結果

設定通過率	**55.5%**
県 平 均	55.2%
地区平均	58.0%
校内平均	67.4%

スローラーナーが教えてくれたこと

学校を変えるため、血のにじむような思いで取り組んだスローラーナー指導でしたが、結局、多くのことを与えてもらったのは、他の誰でもない私でした。

あんなに荒れた学校にいた子供たちでも、学ぶことの大切さに気付き、医師になろうとしている子、英語を使って世界を相手にビジネスをしようとしている子、学校の先生になってスローラーナーを救おうとしている子など、実に多くが変容しました。

また、スローラーナー指導で培ったスキルは、「英語嫌い」以外の学習者にも極めて有効で、そのスキルによって、その後、多くの子供たちを「英語好き」にすることができたと思っています。

あのとき、私につらく当たった同僚も、本当はスローラーナーのことを何とかしたかったのではないでしょうか。

でも、それが思うようにいかなくて、あのような態度になってしまったのだと今は理解しています。

結局、スローラーナー指導のスキルを習得しておかないと、子供も教師も、みんなが不幸になる可能性があるということなのです。

「個別最適な学び」と
スローラーナー指導

「個別最適な学び」と「協働的な学び」

　2021年1月、中央教育審議会総会は、「『令和の日本型学校教育』の構築を目指して〜全ての子供たちの可能性を引き出す、個別最適な学びと、協働的な学びの実現〜（答申）」を取りまとめました。

　これを見ると、今後の教育界は、「個別最適な学び」と「協働的な学び」がキーワードになるようです。そして、その中でもとりわけ「個別最適な学び」が強調されていることがわかります。

「個別最適な学び」が強調される背景とは？

　これまでの学校は、一斉授業を主とし、出席さえしていれば進級・卒業ができる履修主義でした。

　ところが、学習者一人ひとりの個性や特徴、興味・関心は様々で、学習の到達目標も異なります。また、学習者によって、学びのスピードも違います。その異なる個に応じた学びを実現するために、「個別最適な学び」が強調されるようになりました。

「指導の個別化」と「学習の個性化」

　「個別最適な学び」は、教師・学習者それぞれの視点から「指導の個別化」

と「学習の個性化」の二つに分けることができます。

【指導の個別化】
- 支援が必要な子供に、より重点的な指導を行うことなど効果的な指導を実現する。
- 特性や学習進度等に応じ、指導方法・教材等の柔軟な提供・設定を行う。

【学習の個性化】
- 子供の興味・関心等に応じ、一人ひとりに応じた学習活動や学習課題に取り組む機会を提供する。

　そして、これらが促進されるように、教師には以下の点に配慮することが求められます。

> - これまで以上に子供の成長やつまずき、悩みなどの理解に努め、個々の興味・関心・意欲等を踏まえてきめ細かく指導・支援する。
> - 子供が自らの学習の状況を把握し、主体的に学習を調整することができるよう促していく。

「個別最適な学び」＝スローラーナー指導

　本書のテーマであるスローラーナー指導とは、実はこの「個別最適な学び」と同質同根な学びです。

　たとえば、「個別最適な学び」では、子供一人ひとりの特性や学習進度等に応じて指導方法・教材等を柔軟に提供・設定することが求められていますが、これはまさに、個々の特性とニーズに応じて学びを支援するスローラーナー指導と同じなのです。

　つまり、本書においてスローラーナー指導の概要とスキルを学んでおくことは、今後の教育界のキーワードである「個別最適な学び」を先取りして学ぶことにつながるのです。

10 教師間の「指導格差」が広がっている!?

✦ スローラーナー指導のニーズが高まる理由

　私は今、教育行政に身を置きながら、これまでとは違う角度から教育を眺めるチャンスをいただいています。そんな私は、今の日本の教育環境はスローラーナーを生みやすい状態にあると感じています。

　理由は次のとおりです。

①新学習指導要領や学習評価の方法の高度化に伴い、教師の「指導格差」に拍車がかかり、スローラーナーが生まれやすくなっている。
②小学校英語がスタートし、これまでよりも早い段階で「英語嫌い」が生まれやすい環境にある。
③経済格差によって生まれた「教育格差」が深刻な状況にあり、すでにスローラーナーが量産される社会情勢にある。
④スローラーナー指導のノウハウが十分に共有されていないため、スローラーナーの増加に対応できない。

　これらの中でも特に感じるのは、教師間の「指導格差」の問題です。
　新しい学力観に基づいて、ぐんぐん子供の学力を伸ばしている教師がいる一方で、いまだに旧観念で指導をしている教師もいます。
　誤った古いやり方や、自分に都合のいいやり方にこだわる教師は、自分がスローラーナーを生む「加害者」になりかねないことを自覚するべきです。

スローラーナーを生む社会情勢

　貧困と教育の関係においては、お茶の水女子大学の研究によって、保護者の収入や学歴水準等が高い児童生徒のほうが、各教科の平均正答率が高い傾向にあることがわかっています。

　それなのに、厚労省が発表した国民生活基礎調査によると、「子供の貧困率」(中間的な所得の半分に満たない家庭で暮らす18歳未満の割合)は2018年時点で13.5％と国際的に高く、さらに、大人一人で子育てをする世帯の貧困率に至っては48.1％にものぼり、教育格差が確実に進行している実態を浮かび上がらせています。

子供の貧困率	13.5％
一人で子育てをする世帯の貧困率	48.1％

　「教育格差」によって下位層に位置付けられたスローラーナーは、自尊感情を傷つけられて問題行動を起こしたり、やる気を失って不登校になったりします。

　さらに悪いことに、「教育格差」は「貧困の再生産」を引き起こします。「貧困の再生産」とは、貧困家庭で育った子供が、再び貧困家庭を形成する悪い流れのことです。

 ## 増え続けるスローラーナーへの対応が必要

　学習者と教師は、スローラーナーが増えると教師の指導パフォーマンスが低下するという相互作用的な関係にあります。

　そして、教師のパフォーマンスが低下すると、スローラーナーはまた増加するのです。こうしたマイナススパイラルにいったん陥ってしまうと、そこから抜け出すのは至難の業です。

　残念ではありますが、この「教育格差」のトレンドは、これからさらに加速するでしょう。よって、これからを生きる教師には、増え続けるスローラーナーに適切に対処するスキルがこれまで以上に求められます。

やる気は5秒で伝染する

やる気が伝染するための下地

　アメリカのロチェスター大学の研究によって、動機付けられた人の行動は、それを観察した人の動機付けに無意識のうちに影響を与えることがわかっています。しかも、そのような現象が生じるのには5秒もかからないというのです。

　こうした現象を、明治大学の廣森友人教授は「やる気の伝染」と表現しています。そして、これが起きる条件として以下を挙げています。

【やる気が伝染するための下地】
①グループに良好な人間関係が築かれている。
②目指す目標が明確である。
③成果が目に見える。
④グループ全員に関連がある目標を設定する。
⑤各自が役割分担して課題に取り組む。

※出典:『英語教育』2018年6月号
　　　廣森友人「やる気は伝染する!?:ペア/グループワークにおける動機づけ」

学習者間の影響力

　たった一人の学習者が学級の雰囲気をがらりと変えることがあります。そして、そうこうしているうちに、気付くと学級全体が勉強に向かっているのです。

　5秒で伝染するやる気は、学習者から引き出してもいいですが、もしかしたら教師自身がその役割を担ってもいいのではないでしょうか。

第 2 章

一人ひとりが伸びる！
スローラーナー指導法

1 スローラーナーに 寄り添う心構え

✧ 「プラス言葉」のシャワーを浴びせる！

　教師なら誰だって、学園ドラマの主人公のように、問題を抱えた教え子を広い心で受け止め、すったもんだしながら信頼関係を築いていく、そんな教師像に憧れたことはありますよね。

　ところが現実は、「死ね」「ウザい」と悪態をつかれたり、何度も約束を破られたりしていくうちに、信頼関係を築くどころか、学習者を憎らしいと思うことさえあります。

　そこで、試してほしいことがあります。それは、スローラーナーにこそ「おはよう。今日も頑張ろう」「こんにちは。いつもパワフルだね」「さよなら。ゆっくり休めよ」と、「プラス言葉」のシャワーを浴びせてほしいのです。

　当初は、反応がなかったり、暴言を浴びせられたりもするでしょう。でも、そんなものです。そこは教育のプロとしてある程度割り切り、忍耐強くシャワーを浴びせ、「啐啄の機」をうかがうのです。

✧ 相手の懐に跳び込む！

　相手の懐に跳び込むベストタイミングは、ズバリ「気分がいいとき」です。たとえば、体育の後ってみんなスカッとしていて気分がよさそうですよね。そんなタイミングを狙います。

そして、マンガとか、YouTubeとか、アイドルとか、学校とまった
く関係のない話をしてみてください。**スローラーナーは、教師のくだけ
た一面に触れると、突然親近感を覚えます。**

日頃からプラス言葉のシャワーを浴びせるのは、このチャンスを逃さ
ないためです。

授業は前向きに粘り強く

スローラーナーの多い学級では、授業もなかなかうまくいきません。
何時間も教材研究をして授業に臨んでも、残酷なまでにあっさりとこち
らの厚意を無にしてくれます（笑）。

ここでは、今までの知識や経験がなかなか通用せず、自分の無力さを
痛感することになります。

でも、そこであきらめてはいけません。「次は君たちがわかるように
もっといい準備をしてくるから」と、笑い飛ばすぐらいの豪快さも必要
です。

**学習者は英語と出会うのではなく、英語を教える教師と出会います。
寛容で、粘り強く、何事にも前向きな教師の姿勢こそが、いつかはスロー
ラーナーの心を開きます。**

ワークライフバランスに気を付ける

教育困難校では、立て続けに起こる問題行動への対応に心身が疲れ果
ててしまうことがあります。朝から晩まで、ただの一度も職員室の自席
に着けないこともあります。

こういうときは意図的に映画を見たり、おいしい物を食べたりして、
自分の心を解放してあげてください。

そうしないと、頭の中が仕事だらけになり、寛容さを欠いたまずい指
導をしてしまう可能性があります。

**それよりも、余暇の時間を努めて楽しみ、そこで生まれた心の余裕を、
目の前の学習者たちに還元してあげるのです。**

2 「カウンセリングマインド」で信頼関係を築く

✨ カウンセリングマインドとは漢方薬的指導

　カウンセリングマインドとは、アメリカの代表的臨床心理学者カール・ロジャーズの考えに基づいて、日本で誕生した和製英語です。

　教師による強い指導が「外科的指導」だとすると、カウンセリングマインドに基づく指導は、さしずめ「漢方薬的指導」といえるでしょう。

　スローラーナーの心にジワジワと効くカウンセリングマインドとは、教師の態度・姿勢・心の有り様のことを指します。

　大切なポイントは三つです。

✨ ポイント①　無条件の受容・尊重

　どんな学習者ももっとよくなりたいという願いをもっていると信じ、無条件でその存在を受容・尊重します。そして、一人の人間として大切に思いやります。そうすることで、それが学習者に伝わり、学習者はありのままの自分と向き合えるようになります。

✨ ポイント②　共感的理解

　学習者の悲しさや苦しさを的確に感じ取り、それを共感的に理解します。すると、学習者には気付きが生まれ、自分の至らない点や不足して

いる部分などを冷静に認識するようになります。

これが行動変容の原動力となります。

ポイント③　自己一致

「自己一致」とは、「純粋性」とも「率直性」ともいわれます。自然なありのままの自分をさらけだして、お互いを素直に受け入れる状態をつくります。防衛的になったり、攻撃的になったりせず、率直な気持ちと態度で学習者と向き合います。

何度注意しても宿題をやってこない女の子がいました。彼女は教師から厳しい叱責を受けても、いつもヘラヘラしています。私は、宿題をやってこない実態をも受け入れて、かわいがっていました。

すると、彼女はあるとき、「先生、私、お母さんがうつ病で、家に帰ると家事を全部やらなくちゃいけないんだ。宿題出せなくてごめんね」と告白してくれました。いわゆるヤングケアラーですが、当時の私はそれが問題だと認識できませんでした。私は驚き、「それは大変だったね。先生なら学校に来れてないわ。君、すごいよ！」とほめました。

その後、彼女はやれる範囲で宿題を出すようになりました。それまで彼女を叱責していた教師たちは、反省しました。

カウンセリングマインドだけでは不十分！？

カウンセリングマインドは、1970年代後半から教育界に普及し、やがて定着しました。しかし後に、教育のある局面においては強い指導も必要で、世の中の現実も教えるべきだという考えが広まり、今では下火となった言葉です。

とはいえ、カウンセリングマインドももてないようでは、スローラーナーの心を開くことはできません。

学習者一人ひとりをかけがえのない存在として受け入れ、その気持ちを自分事として感じ取ろうとしたとき、スローラーナーはこれまでの自分と教師との関係を見直すようになり、そこから信頼関係が生まれます。

3 「Growth Mindset」で 自己肯定感を高める

 ## Growth Mindsetをもてば主体的な学習者に！

　スローラーナーは、これまでの学習経験から、学びに対して自信をもてない傾向にあります。しっかりと準備をして臨んだテストで平均点を下回り、「やっぱり私はダメだ」と嘆きます。

　こうした学習者は、失敗の要因を能力・才能であると捉え、「固定されたマインドセット (Fixed Mindset)」をもっていることが多いです。

　一方で、スローラーナーが、著しく成績を伸ばすことがあります。粘り強く学習に取り組み、英語の知識・技能を高めることで自信をつけるのです。

　こうした学習者は、努力によって能力を高めることができると捉える「しなやかなマインドセット (Growth Mindset)」をもっていることが多いです。スローラーナーが主体的な学習者となるには、このGrowth Mindsetをもつことが大事です。

 ## これからはティーチングではなくコーチング

　では、学習者のGrowth Mindsetはいかにして育つのでしょうか。

　学習者を変える教師は、このコーチングが抜群にうまいといわれています。ここでは、三つのコーチングの視点について考えます。

　一つ目は、学習者に、なりたい自分を述べさせることです。

まずは英語学習においてどうなりたいか、何ができるようになりたいかを問いかけてください。

　「長文が正確に読めるようになりたい」や「字幕なしで映画を見たい」と引き出してください。学習者の内発的な気持ちや目標をコーチ（教師）と共有することが大切です。

　「いい目標だね。将来はハリウッドで活躍するような映画俳優になるかもね」と、良いコーチは目標を大きく設定させ、夢を見させます。

　また、それが実現した後の姿を具体的に想像させることが学習動機につながります。

　次に、具体策について質問します。

　TOEFLや英検を目標にするのか、それとも日々の学習の中に課題を見つけるのか、対話の中で学習者に考えさせましょう。学習者が自ら決めることが大切です。

✨ 励まして、肯定的なフィードバックを

　二つ目は、取り組み状況を確認しながら、学習者が挑戦したことを継続するように励ますことです。

　スローラーナーは継続してものごとに取り組むことが苦手ですので、放っておくと挑戦そのものがなかったことになってしまいます。

　そこで、良いコーチはまめに取り組み状況を確認し、目標に向かって伴走します。やれば絶対にできると励まし、取り組みを継続させることが必要です。

　三つ目は、結果ではなく過程に対して肯定的なフィードバックをすることです。

　たとえテストで思うように成果を出せなかったとしても、成長した点、できるようになった点は多々あるはずです。その点に言及し、気付きを促すことで、マインドセットを変えましょう。

　「やってもできない」と考えるマインドセットから、「自らを高めたい」と考えるマインドセットに変えるには、本人が成長を自覚する必要があります。

良いコーチは学習者の自己肯定感を高め、自信をもたせる気付きを与えます。

✨ 高校で英語の成績トップをとり続けたY君の話

ここでは具体的に、「固定されたマインドセット（Fixed Mindset）」を脱ぎ捨て、「しなやかなマインドセット（Growth Mindset）」を身に付けて、奇跡の大変身を遂げたY君のお話を紹介します。

Y君とは、私が先に紹介した教育困難校で出会いました。

日頃、わざと悪ぶったり憎まれ口を叩いたりするのが印象的な子でした。成績は、下の上といった感じで、当初の英語の定期テストは30点くらいでした。

あるとき、友人とのトラブルで一人ふさいでいるY君を見かけました。私はこれをチャンスと歩み寄り、ゆっくり話を聞きました。

Y君はいろんな話をしてくれました。部活を辞めたいきさつ、教師や友人への不満、家族へのリスペクト、そして何より、自分へのいら立ち。

彼の心は、自分は何をやってもダメだというFixed Mindsetに支配されているようでした。

✨ 「親孝行がしたい」「みんなを見返したい」

その後、彼とはよく話をするようになりました。すると、少しずつ変化が見られるようになりました。一番は、授業に真剣に取り組むようになったことです。

そこで、私は彼に夢をもつことと、その夢を実現するために今頑張るべき目標を設定することが大切だとアドバイスしました。

すると、彼はある日、「先生、俺、将来はビッグになって親孝行をしたいから、これから勉強を頑張ることにした。ひとまず英語の成績を上げて、みんなを見返すよ」と教えてくれました。

まだまだ漠然とした夢・目標ですが、私は素直に立派だと思いました。

とはいうものの、成績は簡単には上がりません。私は、彼の努力する

姿をひたすらほめました。そして、テスト後は「振り返り」を一緒に行い、次にどうすればいいか「見通し」を共有しました。

　すると2学期の中間テスト、彼は初めて、英語で平均点を超えました。

その気にさせる魔法の言葉かけ

　こんなときに学習者をその気にさせる魔法の言葉かけがあります。

初めていい成績をとったときの言葉かけ	1回だけだとまぐれだと思われる。もう1回いい点数を取って、周囲を見返そう。
続けていい成績をとったときの言葉かけ	2回もいい点数を取るなんて完全に実力だ。今後、もう悪い点数は取れないね。

　どちらも次のテストに向けてモチベーションを高める言葉かけになります。

　元来、Y君はとても素直な子です。この言葉で完全に火がついて、その後の努力たるやすばらしいものでした。

　そして、模擬テストでも80点近く点数を取るようになり、周囲から「絶対に無理」と言われていた高校にも合格を果たしました。

高校で本領発揮

　進学先でも勉強に励んだ彼は、英語に関しては高校でトップをとるようになりました。

　あるとき、私は塾帰りの彼と街で偶然出会ったことがあります。少し話し込みましたが、彼の言葉から、努力すれば自分は変われるというGrowth Mindsetを完全に身に付けたと感じました。

　あんなに英語嫌いだった彼が、今では大学で英語を勉強するまでになっています。

「小さな変容の見取り」で、前向きな学習者に

 ## 日頃の小さな「変容」を見取る

　スローラーナーを前向きな学習者に変えるには、日頃の小さな「変容」を確実に見取り、それを大げさにほめる必要があります。

　そうしてこそ、スローラーナーでも「よし、次も頑張ろう！」と前向きな気持ちをもつことができます。

　たとえば、授業中の前向きなつぶやき、気合いの入った一人勉強、ノートの片隅に書かれた授業のメモなど、こうした小さな「変容」を逃さずに見取ります。

　また、見取りの場面は何も授業に限りません。部活動の様子、委員会活動での頑張り、友だちに対する気遣い等、学校生活全般にスポットを当てることで、今までは見えなかった学習者一人ひとりの「良さ」に気付くようになります。

スローラーナーの変容は小さく、見えにくい…

　とはいえ、スローラーナーの変容は本当に見えにくいものです。たとえ見えたとしても、普段とほとんど変わらないぐらい小さなものだったりします。そう考えると、スローラーナーには、本人なりに努力をしてきたにも関わらず、誰にも気付いてもらえなかった悲しい経験がたくさんあるはずです。その裏返しとして、ときに教師に対するしらけた態度

や悪態となって表れるのです。

　そんな思いをさせないためにも、教師はスローラーナーの変容に細心の注意を払いましょう。

「気付いてもらう」から「自分が気付ける」へ

「見取り」を経験した学習者の心の変化	関心
どうせ気付いてくれない。	低
気付いてほしい。	
気付いてもらえてうれしい。	↓
自分が気付きたい。	
自分が気付けてうれしい。	高

　小さな変容を見取る努力を続けていると、スローラーナーは教師のことを信頼し始めます。そして、むしろ自分の変容に気付いてほしくて、教師に対して期待感を抱くようになります。

　これが、スローラーナーの中にさらに高次な変容を生むことがあります。自分が他者の変容に気付こうとするようになるのです。

　これってとても素敵なことですよね。こんな学習者を育てるためにも、私たちは日頃から愛情深い見取りの視点をもって、学習者に接する必要があります。

学級通信で小さな変容へのアプローチをする！

　小さな変容を見取ったら、学習者の特性に合わせたアプローチで称賛します。その場で声かけする、集会で話題にする、プリントにさり気なくコメントして返すなど、手法はたくさんあります。

　私が得意としていたのは、学級通信を用いる手法です。全体で取り上げたほうがいいものは、紙面一枚まるごと使い、小さなものはイニシャルトーク調で取り上げました。学級通信を使うと保護者の目にも留まり、教師への信頼も格段に高まります。

あすなろの群れ

学級担任：佐々木紀人

「○○さん、一勉一冊終わったってよ！」

新生活がスタートしてほぼ１カ月、みなさんもそろそろ中学校生活に慣れてきた頃でしょうか。この時期は、良い意味でも悪い意味でも慣れが出始めるのですが、悪い慣れと言えば、一人勉強や生活ノートが "ルーティーン" 化してしまい、中身の伴わないものになってしまうケースでしょう。

そんな中、今日は一勉と生活ノートで模範的な取り組みをしている２人を紹介しましょう。須藤○○さんと工藤○○君です。

１カ月経たずして一勉ノートを一冊終えてしまった○○さん

この英単語がびっしりと書き込まれたノートを見てください。この部分は、授業ではまだ習っていない部分です。○○さんは個人で工夫しながらどんどん授業の先を行っているようです。本当にすごいですね。

色ペンを使い、工夫され尽くした工藤○○君の生活ノート

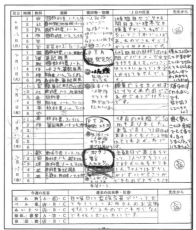

続いて紹介したいのが、工藤○○君の生活ノートです。色ペンを使った忘れ物をしないための工夫、丁寧に書きこまれたコメント。こうしたメモの習慣は、間違いなく○○君を信頼できる人間へと導いてくれるでしょう。ただでも信頼できる○○君ですので、今後ますます信頼されちゃいますね！

みなさん、この二人を見習ってますます一勉と生活ノートを充実させましょう。

（５月６日発行）

このときは、英語の学習に火がつき始めた学習者と、忘れ物をなくそうと生活記録ノートを有効活用し始めた学習者の変容を学級通信で大きく取り上げました。

　イニシャルトーク調の取り上げ方は以下のような感じです。

〜１年生今日この頃〜

中間テスト、終わってみてどうですか？　聞いたところによると、Ｔさんは夜中の１時ぐらいまで勉強したそうです。すごいですね。／近々、席替えの予定。教え合い学習のできる意味ある席替えにしたいなあ。／最近、事件が頻発。「俺、天才だから事件」、「俺、500点事件」、「窓ガラス事件」…。Ｋ君、いろんなことが起こりますが、失敗をかてに成長してください。／最近、給食の食いっぷりがよくなってきましたよ〜。Ｔ君、Ｈ君、Ｓ君、Ｒさん、Ｙさんあたりがモリモリ食べてくれます。ただし、女子の食べ残しはいまだに目立ちますね。／女子力の高いＩ君、男子力の高いＹさん、面白いですね〜！／保護者の皆さま、「学年懇談会参加申込書」、「諸費」、「給食費」の提出をお願いします。／来週の木曜日には「国語漢字コンテスト」があります。範囲は全学年共通で、小学校５〜６年生の漢字を出題します。これは学級同士での勝負になりますので、みなさん、絶対に満点を取ってください。Ｏ君、今回は期待しているぞ。／２週間後はもう中体連。休む間もないですね！

〜１年生今日この頃〜

Ｏさんのお父さん、またデュエットしましょ。／１年生の教え合い活動がすごいんです。まるで先生がたくさんいるようです。／Ｙ君のＨ君を見る優しいまなざし、まるで親です。／Ｋ君、いきいきと部活してますね。うれしいです。／いまだにｂとｄを間違えてしまうＡさん、早く覚えましょうね（笑）。／Ｎさん、Ｈさん、こちょこちょはやめてよ〜。何気に、Ａ君とＮさんの不意打ちも怖いんですよ。

　その他、教科通信を発行したり、廊下の掲示板を利用したりすることも考えられます。

いずれにしろ、「先生はあなたのことをちゃんと見てますよ」という
メッセージをしっかりと伝えることが大切です。

✨ 見取りの場面一覧

　以下に見取りの場面を大まかに記します。各学校、個人によっては見
取りの場面はまだまだ増えるでしょう。学校生活のあらゆる場面が見取
りのチャンスなのです。そして、その中で起きる学習者の小さな変容を、
逃さず見取るのです。

- ・朝の玄関指導
- ・健康観察
- ・休み時間の様子
- ・学習者の表情
- ・学習者の服装
- ・学習者の姿勢
- ・学習者のしぐさ
- ・学習者の発言、つぶやき
- ・学習者のノート、ワークシート
- ・KJ法での分類の仕方
- ・ランキング法での序列のつけ方
- ・座標軸手法での整理の仕方
- ・学習者のいなくなった後の机・椅子
- ・給食の様子
- ・職員室への入退室の様子
- ・写真や動画の記録
- ・ほめられている様子
- ・叱られている様子
- ・放課後の様子
- ・部活動での様子
- ・友だちといるときの様子

見取りの視点一覧

　以下の表は、学習者の内面がどんな形で発露されるか、それを見取りの視点として言動や表情にまとめたものです。こうした視点に基づいて学習者を観察すると、目には見えない学習者の心理や思考が読み取れるようになります。

学習者の内面	見取りの視点
わかる できる	・「あ、わかった」 ・「〜だから〜だとわかった」 ・「そうだね」 ・「あ、そうか」 ・「やっとできた」 ・「よりよいものができた」
使える	・「前にやったことがある」「前もそうだった」 ・「学んだことが役に立った」「学んでよかった」 ・「学習が生活に生かされている」 ・「そういえば〜だった。だから、〜なのか」
変わる	・「初めは〜だと思っていたけど、今は」 ・「もっと続けよう」 ・「またやりたい」 ・「これからは〜していこう」 ・「もっとできるようになれそうだ」
考え込む	・口を閉ざす ・とんとん頭をたたく ・遠くを見るような表情をする ・怒ったような顔をする ・口をもぐもぐしてつぶやく ・「ちょっと待ってよ、先生」 ・目を閉じる
思いつく	・ぱっと明るい表情をする ・「あっわかった」 ・「あっそうだ」 ・にっこりして挙手する ・急に行動を開始する ・周りの子に話しかける ・急いでノートにメモをする ・声の大きな「はい」が出る ・当てられないと残念な表情をする

追究が深まっていく	・一気に長くノートに書く ・わけがしっかり言える ・「あれ」「おや」と鋭く反応する ・「だったらなぜ」「それならどうして」 ・自分の意見に固執する（しつこさ） ・前に出て説明する ・黒板に絵や図を描く ・動作やたとえ話を入れて話す ・発言に友の名を言う ・実物を持ってくる ・参考書や辞書を自主的に使う ・調査や見学を要求する
ゆれる	・首を傾ける ・無口になる ・下を向く ・独り言を言う ・「なんだかわからなくなってきた」 ・「迷ってきちゃった」 ・「わけがうまく言えないけど」 ・いらいらしたりそわそわする ・やたらと話しかける ・体をしきりに動かす ・活動のスピードが落ちる ・活動から離れる ・（情報集めに）ふらふらと出歩く ・周りを気にする ・別な行動に手を出す
落胆する	・残念がる ・悔し涙を流す ・ぶすっとする ・誰かのせいにする ・弁解する ・ぼんやりとつくったものを見つめる ・失敗したものを壊してしまう ・片付けに進んで取りかかれない

満足する	・「やったー」「できた」
	・飛び上がる
	・歓声を上げる
	・飛び回る
	・にっこり笑う
	・友を自然にほめる
	・ゆったりいい表情になる
	・「今日、面白かった」
	・「私、頑張ったでしょう」
	・「もっと続けよう」
	・「またやりたい」

※嶋野道弘『学びの哲学―「学び合い」が実現する究極の授業』(東洋館出版社)を参考に作成

✦ 見えないものを見る力

　今後、教師には、これまで以上に学習者の内面を見取る力が求められます。なぜなら、今後は学習者主導、活動中心の授業がますます推進されるため、**教師は学びの中で現れては消えゆく学習者の微妙な表情、しぐさ、つぶやき等を敏感に見取り、それを拾って個別に最適化された学習支援を実現していく必要がある**からです。

　卓越した教師は、目に見えないものを見取ったら、学習者の困り感に応じてそっと近寄っていって学びを支援します。それは、学習者にとっては支援を受けているとも感じないほどの支援です。

　こうした支援は、学習者に「自らの力で学びを実現した」という錯覚を生みます。そして、この錯覚の積み重ねが、やがて学習者の自信となり、本質的な力の獲得につながるのです。

　そんな姿を追求していくと、教師は授業の中にいるのかいないのかわからないような存在となります。しかしそれは、見えない人には決して見えない、極めて上質な学びを実現している教師の姿なのです。

5 スローラーナーのほめ方

ほめるときは余計なことを言わない！

学習者をその気にさせるには、何よりもほめることが大切です。

多くの教師はそれを自覚し、そして実践しています。

しかし、残念ながら、スローラーナーをほめるときに、余計なことを言ってしまう教師を見かけます。たとえば、こんな感じです。

「頑張ったね。でも……」

「こんなにできるんだ。だったらなぜ……」

どうして、「でも」や「だったらなぜ」のように余計なことを言ってしまうのでしょう。こうした言葉かけは、結局ほめたことになっていません。そればかりか、学習者に「この先生は、自分をそういう目で見ていたんだ」と思われてしまいます。

ほめ方のポイント「すぐきたか」

では、学校で学習者をほめるには、具体的にどういったポイントがあるのでしょう。それを簡単にまとめたものが、以下に示すほめ方のポイント「すぐきたか」です。

> す：すぐほめる。
> ぐ：具体的にほめる。
> き：気持ちを込めてほめる。
> た：（ときには）他人を通してほめる。
> か：過程をほめる。

　とにもかくにも、ほめる場面に遭遇したら、「すぐに、具体的に、そして気持ちを込めて」ほめてあげてください。
　たとえば、こんなほめ方はよく見られます。

〜学習者が職員室に来た際〜
　「今日提出した英文日記よかったよ」

　これを次のようにほめてみてください。

〜休み時間に自分から学習者のもとに出向いて〜
　「今日の英文日記、昨日授業で習った文法を早速上手に使っていて、とてもよかった。これを続ければ、グンと力が付くぞ！」

　そして、ときには他人（第三者）を通してほめると、抜群の効果を発揮します。もし、隣の学級の友人から、「さっきの時間、○○先生、君のスピーチをすごくほめてたよ」なんて聞かされたら、たまらなくうれしくないですか！
　また、スローラーナーは学習の成果が出にくいため、発表場面や提出物などの結果ばかりを見ていてはダメです。
　そこに至るまでの過程を見取り、しっかりとほめてあげます。

〜授業の発表でうまくできなかった学習者に対して〜
　「落ち込むことはないよ。君の練習態度はクラスでもNO.1だったよ。次のパフォーマンステストでの君の成長が楽しみだなあ」

スローラーナーをその気に させる一流のほめ方

ほめ方の四つの要素

　「伝説の家庭教師」と呼ばれるスピーチコーチの岡本純子氏によると、一流のほめ方には、以下の四つの要素があるといいます。

①承認：相手の存在や行動に気付き、認めること
②共感：相手の気持ちや意見に同調し、賛同・肯定をすること
③称賛：優れた点をほめること
④感謝：「ありがとう」と礼を言うこと

※岡本純子『世界最高の話し方－1000人以上の社長・企業幹部の話し方を変えた！「伝説の家庭教師」が教える門外不出の50のルール』（東洋経済新報社）を参考に作成

　これらは、それぞれの言葉からとって「ミカンほかん」（承認＝みとめる、共感＝かん、称賛＝ほめる、感謝＝かん）の法則と呼ばれています。この四つのキーワードを組み合わせながらほめると、スローラーナーでもその気になる効果が期待できます。

スローラーナーに対する言葉かけ

「承認」の言葉かけ例（認められてうれしい言葉）

- 君が前向きになると、授業の雰囲気がよくなるよね。
- つらい状況の中、よく最後まで授業を受けたね。

- わかった。今回はそれを認めるよ。
- そうか、今はそうしたい気分なんだね。

「共感」の言葉かけ例（受け止められて安心する言葉）

- 楽したくなるよね。その気持ち、わかるー！
- だから集中できなかったんだ。それはつらかっただろうな。
- ときにはそういうこともあるさ。
- あの態度はダメだと思う。でも、気持ちは理解できる。

「称賛」の言葉かけ例（やる気がアップする言葉）

- すごい！ 実はセンスあるんじゃないか。
- さすが！ 前からやれると思っていたんだよ。
- たったこれだけのミスしかないの？ 信じられない！
- ここまで継続できるようになるなんて、すごい成長だよ！

「感謝」の言葉かけ例（さらに貢献したくなる言葉）

- いつも、授業を盛り上げてくれてありがとう。
- 今日の質問は、みんなのためになったよ。ありがとう。
- 実は陰でこれをやってくれていたんだ。ありがとう。
- 最近の君の頑張りがみんなを刺激しているよ。ありがとう。

✨ 四つの要素を組み合わせてほめると…

　下の例を見てください。「ミカンほかん」の法則は、このように承認・共感・称賛・感謝の言葉を複合的に用いることで、効果が一層上がります。日頃からこれらを意識し、一流のほめ方を身に付けましょう。

　～授業を終えた後の廊下での会話～

　承　認：今日の授業の集中力はすごかった。

　共　感：この間は、部活で疲れていてたまたま眠かったんだよね。

　称　賛：今日は、特にペアでの会話が上手だった。

　感　謝：学級にいい影響を与えてくれて、感謝しているよ。

7 スローラーナーの叱り方

✦ 叱れない教師は嫌われる？

　言語活動を授業の中心に据える英語科では、雰囲気が悪いと授業が成立しないこともあります。できれば叱って雰囲気を悪くするのは避けたいものです。

　しかし、荒れた学校などに赴任すると、どうしても叱らなくてはいけない場面に出くわします。**学習者は、一般的に叱られることを嫌がりますが、叱ってくれない先生のことはもっと嫌がります。**

　だから、私たち教師には、適切に叱るスキルが求められるのです。

　叱るときのポイントは三つです。

✦ ポイント① 感情的にならない

　叱るときは感情的になってはいけません。感情的になるのは「怒る」行為です。「叱る」というは、相手のためを思って行う行為なので、あくまでも冷静に行います。「叱る」と「怒る」の区別もなく指導をしていると、学習者と信頼関係を築くことは難しくなります。

　また、心身に余裕がないときの指導には要注意です。感情任せに怒ってしまって、後悔する羽目になります。

ポイント② 悪い部分だけを端的に指摘する

叱るときはその人の行為を叱り、「だからお前はダメなんだ」のような人格を否定することは絶対に言ってはいけません。また、以前のことや他のことを持ち出したりするのもやめましょう。

叱るときはポイントを絞り、端的に叱ってください。

 ## ポイント③ 一貫性をもって叱る

学習者との信頼関係を築くには、一貫性のある指導が重要です。指導にブレがあると、「この間はよくて、なんで今日はダメなのか」「あいつはよくて、なんで自分はダメなのか」という不信感が生まれます。

一貫性のある叱り方をしていると、教師と学習者との間に適度な緊張感が生まれるとともに、学習者自身に判断力が身に付きます。

叱らなくてもいい言語力と指導力を身に付ける！

ここまで叱るポイントを示しながらこう言うのもなんですが、**これからの教師には、叱らなくとも学習者を納得させ、自らの行為を振り返らせ、そして前向きな言動を促す、豊かな言語力が求められます。**

豊かな言語力を通した指導技術を身に付けられれば、体罰はなくなるはずです。体罰は、言葉で納得させられないから発生するものなのです。

感情的に叱ると生徒はついてこなくなる

スローラーナーをその気にさせる一流の叱り方

四つの要素を盛り込んだ叱る技術

　人は自ら考え、気付きを得なければ、本質的に変わるものではありません。一方的に考えを押し付けられたり、決め付けられたりして説教されても、そこには不満しか残りません。

　正しい叱り方とは、批判的な評価を伝えながらも相手に改善を促すものです。そのために、叱る際には次の四つの要素を盛り込んでみましょう。

---

①事　　実：叱るべき事柄
②理　　由：なぜ、それがダメなのか
③主　　観：それについて自分がどう思うか
④解決策：どうすればそれが改善するのか

※岡本純子『世界最高の話し方－1000人以上の社長・企業幹部の話し方を変えた！「伝説の家庭教師」
　が教える門外不出の50のルール』(東洋経済新報社)を参考に作成

ダメな叱り方と効果的な叱り方

ダメな叱り方
　教　　師：なんで毎回こうも宿題を忘れるんだ。
　　　　　　おまえのそういうところがダメなんだよ。
　　　　　　本当に無責任だよな。あー、ムカつく。
　学習者：(無言)

教　師：何黙ってんだ。反省してんのかよ。

効果的な叱り方

教　師：今日も宿題を忘れたのか。　　　　　　　　　　← （事　　実）

　　　　何か理由でもあったのかい？

　　　　毎日の積み重ねが、とても大きな力になるんだ。← （理　　由）

　　　　先生は、君に勉強の大切さに気付いてほしい。← （主　　観）

学習者：すみません。単に面倒くさかっただけです。

教　師：よし、じゃあ二つ考えよう。

　　　　一つは、どうやって今日の失敗を挽回するか。

　　　　もう一つは、宿題忘れ防止のための新しい対策。← （解決策）

✨「叱りほめ」と「ほめ叱り」には要注意

こんな指導場面に見覚えはありませんか。

〜すばらしいプレゼンをしたのでひとしきりほめた後で〜

　「なんでこんな発表をできる子が、普段は宿題を忘れてくるんだろ。家庭学習をすれば成績ももっと上がるだろうに。早く目を覚ましなさい！」

　こうした指導はよくありますよね。この指導が特別ダメというわけではないのですが、一つ注意が必要です。この場面は、本来はほめているはずでした。それなのに、先生の期待感からか、「後味の悪い終わり方」となっています。

　叱るときは叱る、ほめるときはほめる、きっちりと区別したほうが学習者にはわかりやすいのです。

フィードバックを理解する

フィードバックとは？

　「フィードバック」という言葉はよく使われますが、この言葉の意味は、実はとても難しいのです。

　なんとなくのイメージでいうと、フィードバックとは、学習者が行った行為に対して、教師が軌道修正を促したり、動機付けを高めたりするために、口頭や文書で指摘・評価する、といったところでしょうか。

　しかし、メルボルン大学の教育学者ハッティは、**フィードバックとは、教師・仲間・本・保護者・学習者の経験など、学習者に関わりのある人・ものから与えられる、学習者の到達状況や理解の程度に関する情報全般のこと**だと言っています。とても奥が深いですよね。

フィードバックと指導の間に線引きはない

　フィードバックと指導の間に明確な線を引くことはできません。

　なぜなら、たとえば、教師が学習者の提出物を点検し、それに修正とコメントを加えて返却するような行為は、学習者に正誤を伝えるだけではなく、それ自体が次の学習への指導と考えることができるからです。

学習者の姿は自分の指導力の
フィードバックそのもの

　スローラーナー指導で押さえておきたい点は、フィードバックには、学習者から教師へ伝えられる情報も含まれるということです。

　だから、目の前のスローラーナーが何を知っていて、何を理解し、どこでつまずき、いつから間違えるようになったのかという情報は、スローラーナーから教師に与えられる貴重なフィードバックなのです。

　教師は、こうしたフィードバックを受け取ることで、見通しをもちながら指導と評価を一体化させることができます。

　さらにいえば、「**学習者の姿は自分の指導力に対するフィードバック**」そのものです。だから、たまにスローラーナーのことを毒々しく批判する教師がいますが、それは、自らの指導力不足を公言しているに等しいのです。

 ## フィードバックと「ほめる」ことを混同しない！

　フィードバックと「ほめる」ことの混同にも注意が必要です。両者とも良い点を見取ることに違いはないのですが、フィードバックには、目標に対しての進み具合や、どうすればより良くなるか、という情報が含まれています。場合によっては、余計なことを言わないで、ただほめたほうが効果的なこともありますので、こうした違いを正しく理解して使い分けるようにしてください。

フィードバックとは、学習者の学びに関する情報全般のこと！

10 フィードバックを 使いこなす

 ## フィードバックを機能させるキーワード

　フィードバックは、学習者の到達目標と到達段階とのギャップを埋めるものでなくてはいけません。

　そのためには、①評価する、②評価の理由を説明する、③次への見通しをもたせる、の三つの段階を踏む必要があります。

　この三つの段階を、以下のようなキーワードに置き換えるとイメージしやすくなるでしょう。

フィードバックを機能させるための三つのキーワード

キーワード	内　容
① Good or Bad	到達目標に対する、そのパフォーマンスの良し悪し（到達段階）を伝える。
② Why	その評価に至った理由を説明する。
③ Better	今後、到達目標に向けて、「より良く」なるための視点に気付かせる。

　フィードバックは、学習のあらゆる場面で働きますが、特に「記録に残す評価」を行う場合には、必ずルーブリックを設け、あらかじめ教師と学習者が「見通し」をもって活動に取り組むようにします。

　三つのキーワードも、ルーブリックの評価の視点に基づきながら話を

すると、学習者もストンと腑に落ちます。

 ## フィードバックの場面と伝え方を工夫をする

　スローラーナーの中には独特な捉え方をする子もいます。その子の特性を踏まえ、どういった場面でフィードバックをするのがいいかにも配慮しましょう。

　また、フィードバックを通してパフォーマンスを「Better」にするには、伝え方を工夫し、学習者自身が課題に気付き、自分で修正していく力を高めていけるようにしなくてはいけません。

　ただし、一部のスローラーナーはこうした課題を認知する力が弱く、口頭で伝えただけでは修正できないこともあります。

　では、これらに配慮したフィードバックの例を見てみましょう。

〜パフォーマンステストに向けた中間評価の場面〜
①各自、タブレットに自分のパフォーマンスを記録する。
②教師は、その中から模範的なパフォーマンス（Good or BadのGood）を全体に見せる。そして、ルーブリックに基づき「Why」と「Better」について説明する。
③各自、自分のパフォーマンスをルーブリックに基づいて振り返り、「Better」に対する自分なりの気付きを得る。
④教師は必要に応じてスローラーナーに個別対応し、本人の気付きを大切にしながら、三つのキーワードに基づいて具体的に確認し、アドバイスする。

　このように、お互いのパフォーマンスをタブレットで撮影し合った後、それぞれがルーブリックに基づいて自分のパフォーマンスを中間評価し、改善につなげます。

COLUMN

アンガーマネジメントの活用

どんなときに人は怒るのか？

　優しいベテランの教師であっても、スローラーナーの煮え切らない行動・態度に、ときにイライラしたり、ときに感情を爆発させてしまうことがあります。

　でも、学習者に「協働的な学び」を促さなければいけない教師が、感情的になって指導をしてもいいものでしょうか。

　怒りの感情と上手に向き合うための心理トレーニング「アンガーマネジメント」の普及を目指す日本アンガーマネジメント協会は、「怒りの連鎖を断ち切ろう」を理念に掲げ、「人が人に当たらない社会」の創出を目指して活動しています。

　代表理事の安藤俊介さんは、「自分とは違う価値観の人や物事を目撃したときに人は怒る」と指摘します。

6秒我慢しよう

　アンガーマネジメントでは、「怒りを感じたら6秒やり過ごす」ことが推奨されています。なぜなら、怒りのピークは長くても6秒程度だからです。

　私自身、指導中にイライラしたときには、両腕を後ろに回し、指を折って1から6まで数えていました。そしてゆっくりと深呼吸をして負の感情を抑え込みました。

　そして、イライラのピークが通り過ぎると、「さっきは叱らなくてよかった」といつもホッとしていたものです。

第**3**章

学習集団づくり&
具体的指導

1 理想とする「学習集団」をイメージしよう！

✧ 理想とする学習集団をイメージする！

　高い目的意識をもち、互いに支え合うような学習集団を育成するには、まずは自分が理想とする学習集団をイメージします。

　これは「モノづくり」に似ています。最終的なイメージをもたず、場当たり的に作業してもいいモノができないように、「こういう集団を育てたい」というビジョンがあってこそ、そこに向かって試行錯誤し、集団を理想に近づけることができます。

　とはいっても、経験が浅いと理想は描きづらいですよね。そんな場合は、力のある先生の授業を見学させてもらったり、自分が得意とする指導分野（部活、委員会等）にイメージを重ね合わせたりして、断片的にでもいいので自分の理想を思い描くようにします。

✧ 自分の指導も一緒にイメージする

　理想とする学習集団をイメージするときには、自らの指導も一緒にイメージできたらいいですね。たとえば、「こういった姿を実現するには、どういった指導が必要だろうか」などと考えます。

　私は、自分の指導をイメージするときは、必ず「教師の前・横・後」というキーワードを使っていました。「教師の前・横・後」とは、以下のような授業場面と教師の立ち位置を意味します。

教師の前：授業序盤、教室の前で学習者と向かい合うイメージ
　　　教師の横：授業中盤、教室の横で学習者の活動を見取るイメージ
　　　教師の後：授業終盤、教室の後ろで自らの指導を振り返るイメージ

　このように、期待する集団の姿を引き出すために、授業のどの場面で
どのような指導をすればそうなるのかをイメージしてみましょう。以下
は、私の理想とする指導のイメージです。

私の理想とする学習集団イメージと指導イメージ

理想とする学習集団のイメージ	指導イメージ	
• リラックスした雰囲気がある。 • English-ready*な状態にある。 • ICT機器の準備、プリント配付等、係活動が自律的に機能している。 • 授業の準備や着席に向け、互いに声をかけ合っている。 • 前時の授業内容について互いに確認し合っている。	• 学習者の表情・体調を確認する。 • 教科と関係のない話をして場を和ませる。 • 歌やクイズ、動画等で、English-readyな状態をつくる。 • コンパクトでディープインパクトな学習課題を提示する。 • 期待感と見通しをもたせる。	教師の前
• 課題解決への見通しをもち、互いに作用し合いながら活動している。 • 各自学習ツールを使いこなし、協働して課題を解決している。 • 全学習者が学びに没頭している。 • 気軽に助けを求める雰囲気がある。	• 活動の様子を見守る。 • 必要に応じてアドバイスや手助けをする。 • ファストラーナー*を優先的に指導し、先生役に仕立てる。 • スローラーナーを支援する。	教師の横
• 授業の様子を振り返っている。 • 仲間の頑張りを称賛している。 • 次の授業で気を付けるべき点を集団で確認している。 • 互いに声をかけ合って家庭学習のポイントを確認している。 • 和やかに授業を終えている。	• 教室を学習者目線で見回し、自らの指導を振り返る。 • 学習者に、学習内容と学びの姿を振り返る視点を与える。 • 良かった点をほめる。 • 次の授業へ見通しをもたせる。 • 授業と家庭学習をつなげる。	教師の後

＊English-readyな状態とは、英語を「話す・聞く・書く・読む」準備ができていること。あるいは、英語の授業に臨む準備ができていること。

＊ファストラーナーとは、理解力が高く、他の学習者よりも早く、しかも自力で課題解決できるような学習者のこと。

理想を描くと進むべき方向性が見つかる

　理想とは、いわば自分の目指すゴールですので、理想を描くと自分の進むべき方向性が見えてきます。

　そして、大切なことは、たとえ失敗してもいいので、実現に向けて具体的に行動することです。

　理想の１％でも叶えられれば、学習者にとっても自分にとってもプラスとなりますので、まずは「今までどおり」を脱却し、第一歩を踏み出す勇気をもってください。

バックワード・デザインで学習集団づくりを行う

　では、どうやって第一歩を踏み出せばいいのでしょう。

　そのキーワードは、ズバリ、「バックワード・デザイン（逆向き設計）」 です。

　「年間指導計画」や「単元の指導計画」を立てる際には、最終的にこんな力を身に付けさせたいから、ここでこんな活動や指導を行う、といった逆向きの計算をするはずです。

　この考え方を、学習集団づくりに応用します。

私の理想を実現するには・・・

　私が思い描く「理想とする学習集団イメージ」を例にして、それを実現するためには何が必要なのか、バックワード・デザインで考えてみたいと思います。

　たとえば、私は、授業前には教室に「リラックスした雰囲気がある」ことを理想と考えています。どうすれば学習集団がリラックスした雰囲気になるのでしょう。

　その実現方法をリストアップしてみます。

【リラックスした雰囲気がある学習集団にするために必要なこと】
　①日頃から学習者に声をかけ、話しやすい人間関係をつくる。
　②過度に叱らず、できる限りほめて、教師への「壁」を取り払う。
　③休み時間に音楽などを流して楽しいムードを演出する。

　次に、学習者を「English-readyな状態」にするために必要なことを考えてみます。

【English-readyな状態にするために必要なこと】
　①授業前に自然と英語に触れる機会をつくる。
　②英語を理解したくなるような動画や音楽を提供する。
　③休み時間から学習者に英語で話しかける。

　このように、理想を実現するために必要なことをリストアップしていくと、自分が行わなければいけないことが自然と見えてきます。

✧ 教育書や研修会で学んだことを「真似る」

　自分がやるべきことが具体的に見えてくると、より効率的で、より効果的な方法が気になるものです。
　そうなったら、ぜひ教育書を読んだり、研修会に参加したりして、他のすばらしい先生方の事例を勉強しましょう。そして、徹底的にそれを真似しましょう。真似をしているうちに、自然と自分の指導スタイルに向く活動が見つかります。
　このようにして、自分の理想に近づくための具体的な指導方法を身に付けていくのです。

2 まずはグランドルールを制定する

✦ グランドルールとは？

　グランドルールとは、「私の授業ではこのルールは絶対に守ってもらう」という基本ルールのことです。このグランドルールづくりが、スローラーナーの授業への関わりを決めるといっても過言ではありません。

✦ グランドルールの運用方法

　以下は、私が実際に用いたグランドルールです。ルールの厳格さは、学校の実態に合わせて調整してください。

　①忘れ物をしたら、朝のうちに言いに来ること
　②授業の2分前には着席していること
　③授業中の活動には、まずは自力で取り組むこと
　④自力で解決できない場合は、教科書や辞書を活用すること
　⑤それでもダメなら、仲間や先生を活用すること
　⑥話は話者へのリスペクトをもって聞くこと

　スローラーナーは忘れ物をしやすい傾向にあります。①だと、教師が事前に必要な準備をしてあげられます。もし、直接言いに来られない学習者がいたら、少し困った顔をしながら、「朝に来てくれると助かるん

だけどなあ」と言いながら世話を焼いてあげましょう。その繰り返しで、忘れ物は減り、忘れ物をしたときの対処方法も学びます。

　②は、学習者が始業チャイムが鳴ってからダラダラと座るのを防ぎます。そうでないと、叱ってから授業をスタートすることになります。そんなの嫌ですよね。

　③〜⑥は、学習者の授業での学びの姿勢に関するものです。おしゃべりが多い集団には、「それはおしゃべり？　それとも必要な会話？」と声かけをします。授業におしゃべりは不要ですが、穏やかな対話が生まれるリラックスしたムードは必要ですので、くれぐれも過度に緊張感をあおらないように注意しましょう。

ポイントは「納得」と「徹底」

　グランドルールを運用するには、学習者の「納得」が大切です。押し付けのルールでは反発しか生まれません。そこで、そのルールがあると学習者にどんなメリットがあるのかを丁寧に説明しましょう。

　ルールの必要性を「納得」したら、その運用はなるべく学習者に任せます。係活動や当番と関連付けると効果的です。教師の介入が必要なときもありますが、自律性の高まりに応じて関与を減らしていきます。

　また、ルールは「徹底」するように働きかけます。これをなあなあにすると、授業規律が乱れます。もしルールを破った学習者がいたら、頭ごなしに叱るのではなく、「今後の自分のため」に誓いを立てさせます。

　まだ自分で考えられないようなら、教師がいくつか選択肢を示し、そこから選ばせます。

ルールは教師の温かさで定着する！

　最後に、これが一番のポイントですが、学級全体にはルールの厳格な運用を求めながらも、学習者一人ひとりには、あくまでも穏やかに、そして臨機応変に対応します。結局、ルールは、厳格な運用ではなく、教師の温かなアプローチによって完全に定着します。

3 「学級集団」を「学習集団」へ変える

✦ 学習規律の乱れが引き起こす悪影響

　スローラーナーがクラスに何人もいると、学習規律が乱れがちですよね。授業が始まっても着席しない、おしゃべりが止まらない、そんな姿に、学級のムードは「チーン」としらけていくわけです。

　全国学力・学習状況調査のクロス集計の結果からも、学習規律の乱れが学力に悪い影響を与えることがわかっています。

　やはり、「学級集団」を「学習集団」に変えるには、学習規律を整える必要があるのです。

✦ 学習規律の面から見た「学級集団」

　学習規律の面から学級を見ると、以下の三つに分類されます。
　①学習規律がなくて荒れている学級
　②学習規律はあるが活気のない学級
　③学習規律のある明るい学級

　①の学級は、学級崩壊を起こしている可能性があります。②の学級は、教師に学習規律を押しつけられている状態です。③の学級は、学習規律が浸透し、気持ちのいい授業空間が確保されています。

　学級にスローラーナーがたくさんいたとしても、私たちが目指すのは、

どう考えても③の姿です。

 ## 学習規律の考え方

　粂原（1982）は、学習規律のことを、どの教科・領域にも共通して指導しなければならないルールやマナーだと述べています。

授業における三つの指導対象
a. 1時間の授業ごとに変化する・発展する「学習内容」
b. その教科・領域に独自の「学習方法」
c. <u>どの教科・領域にも共通する「学習規律」</u>

粂原昭徳『学級における授業の成立』（明治図書出版）

※下線は筆者による

　ルールとは、それを破ったら全員が被害を被る規則や決まりのことで、マナーとは、思いやりや配慮を体現する行動のことです。

　つまり、学習規律を破るということは、自他共に損をすると理解させましょう。それができれば、学習規律は「外的な規律」から「内的な規律」へと変わっていきます。

 ## 学習規律の整え方

　では、たくさんスローラーナーがいる学級で、どうすれば学習規律を整えられるのでしょう。以下にポイントを示します。

①学習規律を学習者の発達段階に合わせて理解させる。
　→　荒れた学校で進学校のような規律を押しつけてもムダです。
②集団が荒れている場合は、学習規律のポイントを絞る。
　→　互いが納得できる最低限の約束事を学習者に決めさせます。
③教師が「言行一致」を姿で示し、学習者と信頼関係を築く。
④命令的な言い方ではなく、学習者の気付きを促す言葉遣いをする。
⑤学習規律を可視化して、学級内に掲示する。

4 スローラーナーが主役の授業

✦ まずは「やる気の火種」を大切に！

　スローラーナーの中には、もう勉強をあきらめてしまっているような学習者もいれば、苦手なりに必死に食らい付いてくるような学習者もいます。教師としては、後者のような学習者を授業の中心に据え、その「やる気の火種」を育てていきます。

　では、普通ならば授業で活躍することなどあり得ないようなスローラーナーを、どうすれば授業の中心に据えることができるのでしょうか。

　設定としては、あるテーマのもと、学習者が自由英作文に取り組んでいるような授業場面を想像してください。

【スローラーナーが授業の中心に据えられていくイメージ】
　①模範解答をこっそり教え、全体で発表させる。
　②答えのヒントを与え、全体で発表させる。
　③「次に指名するよ」とささやいて全体で発表させる。
　④「次に手を挙げてね」と促して発表させる。
　⑤「そろそろ自主的に発表できるんじゃない？」と声かけする。
　⑥「困っている子の面倒を見てあげてね」と依頼する。
　⑦「君がいないと授業にならないよ」と持ち上げる。

実際のスローラーナーとのやり取り例　～イメージ①の場合～

　教師：先生がこっそり答えを教えるから、後で発表してみないか。

　ＳＬ：はあ？　答えを教えてもらって発表しても意味ないじゃん。

　教師：英語って、発表すればその表現が身に付きやすいんだよ！

　ＳＬ：……。答えを教えてもらって発表しても意味があるの？

　教師：もちろん。だからこっそり教えようとしてるんだよ。

　ＳＬ：そうなの！　じゃ、やってみようかな。答えを教えて。
　　　　（実際に発表する。もちろん、上手ではない）

　教師：Ａさんは、先生がちょっとアドバイスしたら、こんなすばらしい発表をしてくれました。いやぁ、驚いた！　たいしたもんだ！

　周囲：Ａが発表するって、すごくないか！

　こうした段階を踏んで一人ひとりのスローラーナーと関わっていくと、その学習者は確実に成長します。

　そして、その成長が周囲の学習者に影響し、クラスの「やる気の火種」は燃え上がっていくのです。

 # 教師の姿勢に学習者は共鳴する

　一人のスローラーナーの成長も集団に好影響を与えますが、**教師のスローラーナーを大切にしようとする姿勢もまた集団に好影響を与えます。**

　学習者が「この先生は、勉強の苦手な子でも一生懸命面倒を見てくれる」と思うようになると、その集団には安心感が生まれ、やがて教師と学習者が相互に作用し合う温かな学習集団へと変容します。

　この手法を成功させるには、ムードメーカーとなり得る学習者の人選がポイントとなります。これを間違うと、学習者から「えこひいき」などと非難されることもあります。

　また、ときとして、教師はかわいがっているつもりでも、学習者にしてみたら不愉快に感じていることがあります。 過度な関わりは、学習者に「いじり」として捉えられるので、これにも注意が必要です。

5 やんちゃな スローラーナーを輝かせる ペア・グループ編成のコツ

 やんちゃなスローラーナーに手を焼いて・・・

　多くの教師は、やんちゃなスローラーナーを受け持った経験があるはずです。彼らに対する指導は実に骨を折りますが、場合によっては、彼らとの関係づくりが、その後の教科経営を左右することもあります。

　私の経験では、授業中であるにもかかわらず、机に足を上げてハンバーガーを食べたり、化粧に夢中になったり、トランプに興じるような学習者がいました。

　それでも彼らはまだマシなほうで、ここには書けないもっと大変な学習者もたくさんいました。

 ペア・グループ編成の法則

　では、どうすれば、やんちゃなスローラーナーも巻き込んで円滑に授業を進めることができるのでしょうか。

　そのカギとなるのはペア・グループ編成です。

　経験上、相当なやんちゃでも、親切で優しい学習者とペアを組ませることで、がぜん張り切って学習に取り組むようになります。

　やんちゃなスローラーナーを輝かせるためには、以下のことに配慮してペア・グループを編成してみてください。

【やんちゃなスローラーナーを輝かせるペア・グループ編成の法則】
　①ペアは男女の組み合わせとする。
　②グループは男女混合、4人を基本として編成する。
　③ファストラーナーとスローラーナーを組み合わせる。
　④学習者間の人間関係に配慮する。

　どうでしょうか。どこの学校でもペア・グループワークは実施されていますが、こういった点にまで配慮して編成している学校はそうないのではないでしょうか。

やんちゃが輝いた指導事例

　ここではやんちゃなスローラーナーを輝かせるペア・グループ編成のコツを記しましたが、この方法は、私が書物などを参考にしながら、実際の指導を通して経験的に身に付けたものです。

　そのいきさつを紹介します。

　私は落ち着いた学校にはあまり縁がなく、どちらかといえばちょっと手のかかる学校に勤務することが多かったように思います。初任校も、全国紙に載る騒ぎを起こすような教育困難校でした。

　新採用のときですから、まだ右も左もわからず、とにかく無我夢中で頑張りました。ただ、すばらしい同僚が何人もいたため、採用から3年経つと、学校は落ち着きを取り戻していました。

　その頑張りが評価されたのか、学校の中核を担っていた兄貴分の先生が、別の大荒れの学校へ転勤することになりました。私たちは余りに過酷な人事異動に、涙を流して彼を送り出しました。

　ところがその翌年、今度は私がその学校に転勤することになりました。その学校には一つだけどうにもならない学級があり、私がそこにポンと放り込まれたのです。

　転任早々、中学3年生の学級担任でした。

頼りになるMさんに救われる

　当時の私のやり方はとても乱暴で、「ダメなものダメ」と力でねじ伏せるような威圧的な教師でした。学習者にしてみたらたまったもんじゃないと思います。

　そんな私に生徒はとことん反発しました。特に一部男子の反発はひどかったように思います。

　そんな状況を見かねて、Mさんというとても面倒見のいい女子が私にアドバイスをくれるようになりました。

　Mさんは勉強はあまり得意ではありませんが、人柄がよく、とにかく世話好きな子でした。

「先生、あの子にあんな言葉遣いしちゃダメ」
「あの子とあの子は相性が悪いから、一緒にしないほうがいい」
「先生、今日、あの子は親とケンカしたから機嫌が悪いの」
「あの乱暴者も、この子の言うことだけは聞くんだ」

　Mさんのアドバイスはことごとく的確でした。こうなると、むしろMさんが陰の教師といった感じです。

　あるとき、私は学級経営に行き詰まり、思い切ってMさんに「活動がスムーズに進むように、学級の席替えの案をつくってくれないか」とお願いしました。

　するとなんと、彼女は張り切って3パターンも案を作成してきて、ああだこうだと説明してくれました。

　実際、彼女の言うとおりに席替えをしたら、様々な活動がスムーズに進むようになりました。

 ## ついに法則を発見！

　その後、学級をよくするために、彼女とは何度も作戦会議を開きました。その度に、Mさんは学級の子供たちの特徴や友だちとの相性を丁寧

に教えてくれました。そして、私の指導の至らない点を、彼女なりに気を使いながら指摘してくれました。

そうしているうちに、なんとなくやんちゃでも生き生きと活動に取り組むペア・グループ編成のポイントというものが見えてきました。

それを学級で何度も試しながら効果を確認していったところ、先に示した法則にたどり着いたというわけです。

実際、この大荒れの学級は見事に立ち直り、忘れられないすばらしい学級になりました。これは、すべてMさんのお陰なのです。

English Room設置を提案

このように、やんちゃなスローラーナーを輝かせるために意図的なペア・グループを編成することは極めて有効ですが、一つ懸念があります。

それは、席移動でバタバタし、ややもすると落ち着いた雰囲気を損なうことがあるのです。

そこで一つ提案があります。

もし学校に空き教室があったら、それを英語教室として使用するのはいかがでしょう。最近は、児童生徒数の減少によって空き教室が増えてきました。

どうせなら、そういった部屋をEnglish Roomにしてしまって、英語の掲示物を貼り、英語のテレビや音楽を流し、英語専用の席順で学習してみてはいかがでしょう。

きっと、教師も学習者もテンションアゲアゲで授業ができるはずです。

6 元気がない

✨ 無関心・無反応・無表情な「三無」状態

　こちらがテンションアゲアゲで授業に臨んでいるのに、まったく手応えのない集団があります。学習者が授業に対して無関心だから無反応になり、無反応だから無表情になるという、いわゆる「三無」状態です。

　こういった集団は授業がしづらいですよね。いったい、どうすればこういった集団の雰囲気をよくできるのでしょう。

　元気がないのは、以下のような理由が考えられます。

A）　学習内容が学習者の興味あるものとなっていない。

B）　学習者の思考・活動の時間が十分に確保されていない。

C）　ペア・グループ活動が学習者心理に配慮されていない。

D）　互いの活動を拍手などで称賛し合っていない。

✨ アプローチ①　学習者の「思考の動きを見取る」

　「元気がない」集団を指導するには、表面的なものだけではなく、学習者の「思考の動き」を見取る努力をしてください。**「思考の動き」は、学習者の表情・仕草・集中の度合いから見ることができます。**

　たとえ集団に元気がなくても、学習者に「思考の動き」を見て取れれば、それは学習者にとって意義ある授業といえます。きっと、もう少し

辛抱すれば、学習者の発話は増え、授業に活気が出るはずです。

　残念なことに、いまだに教師の指示・発問・説明が大半を占める授業を見かけます。こうした授業は、学習者にとってはまさに「地獄」です。厳しいようですが、それは授業であって授業ではありません。主役が活躍しないドラマなんて、あり得ないのです。

✨ アプローチ②　休み時間中に雰囲気づくりをする

　集団を明るくするには、学習者とコミュニケーションをとることが大事です。特に、休み時間に学習者と関わり、共通の関心を探し、そして会話を積み重ねていくと、少しずつ変化が見られます。

　休み時間は、学習者も気持ちが開放的になっていて、気楽にいろいろな話をしてくれます。彼らが何を考え、何に悩み、何をしたいと思っているのかをそれとなく探り、学習者との壁をなくしましょう。

✨ アプローチ③　学習者の人間関係を見抜く

　集団の中に、他の発言を茶化すような、いわゆる「足引っ張り」的な学習者がいると、その集団のモチベーションは著しく低下します。

　こうした学習者は、個別で指導をするのも手ですが、逆に、その発言力の大きさを利用します。Small Talkの場面で教師のやり取りの相手に引き入れるなどして、授業に活躍の場をつくってあげると、集団が盛り上がりやすくなります。

✨ ぜひ自らの姿勢を見直してください！

　「三無」は、ほとんどは教師の責任です。特に、教師が一方的にしゃべる授業スタイルでは、集団の活力が消え失せます。また、教師が日頃の頑張りを見取れないと、学習者の気持ちはサーッと離れていきます。

　そうならないためにも、教師には、学習者の思考、学習者の努力、学習者の人間関係など、「見えないものを見る力」が必要です。

7 やる気がない

✨ やる気がない理由

やる気がない理由には以下のようなものがあります。

A)	目標が明確でない。
B)	意志が弱く、そんな自分にうんざりしている。
C)	成長を実感する機会がない。
D)	環境がやる気を失わせている。

✨ アプローチ① 目標を学習者と一緒に立てる

　目標がなければやる気が出ないのは誰しも同じです。それは裏を返せば、目標があればやる気が出てくるということです。

　とはいうものの、スローラーナーが適切で実現可能な目標を立てるのは難しいものです。そこで、目標を３段階ぐらいに区切り、それを教師が一緒に考えてあげるようにします。以下は目標の設定例です。

大目標	中学校卒業時点で達成したい目標。漠然としていることが多い。
	例：〇〇高校に入学するため、入試で〇〇点取る英語力を身に付ける。
中目標	その学年終了時で達成したい目標。やや漠然としていることが多い。
	例：学年終了時に英検〇級を取るために、毎日〇〇をする。

小目標	次の定期テストまでに達成したい目標。非常に明確なことが多い。
	例：次のテストで〇〇点取るために、〇〇を一日に〇〇分必ず勉強し、間違い直しも一人勉強ノートに必ずやる。

✨ アプローチ②　「とりあえず思考」を身に付けさせる

　スローラーナーが継続的に学習に取り組めるようになるには、「とりあえず思考」が有効です。たとえば、「とりあえず、毎日5分だけ勉強する」「とりあえず、単語を1日に三つ覚える」というものです。

　私も自らの経験で、教師をしていた父から「とりあえず、1日5分だけ机に向かってみろ」とアドバイスをされたことがあります。すると、5分なんてあっという間で、気付くと1時間も勉強していてビックリしたことがあります。この「とりあえず」を学習者が達成したら、「英語が苦手な君にとって、その5分がいかに苦痛だったかよくわかる。立派だ」などとほめてあげましょう。

✨ アプローチ③　本人納得のもとで環境整理

　スローラーナーに限らず、スマホ、ゲーム、マンガ、テレビなど、学習者のやる気を阻害する要因は身の回りにたくさんあります。

　私だって日々誘惑と戦い、そしてほとんど負けっぱなしです（笑）。

　指導する私たちでさえそうなのですから、勉強嫌いのスローラーナーが、容易に誘惑に勝てるわけがありません。

　そんな学習者の心理を理解しながら、本人納得のもとに環境を整理させることも有効です。たとえば、話し合いを通して、勉強の間はスマホのスイッチを切る、台所で勉強をするなど、学習者に決めさせます。

　私のおすすめは、学校で勉強をしていくことです。学校には休み時間、突然の自習時間などたくさんのニッチな時間があるので、その時間を有効活用させます。しかも学校には先生や友だちがいるので、勉強がバツグンにはかどります。いったんこれに慣れてしまうと、むしろ向こうから「頼むから学校で勉強させて」とお願いに来るようになります。

8 おしゃべりが減らない

おしゃべりが減らない理由

おしゃべりが減らない理由には以下のようなものがあります。

A) ルールが徹底していない。
B) 授業がつまらない。
C) 授業中におしゃべりをする余裕を与えている。
D) 席順がおしゃべりをしやすい環境になっている。

アプローチ①　まずは基本の確認を!

　授業中のおしゃべりは、真面目に勉強に励んでいる学習者にとっては邪魔そのものです。しかも、小さなおしゃべりが、大きな学習規律の乱れにつながることもあるので要注意です。

　まずは、以下の基本が徹底されているか確認してください。

①静かになるまで待つ。

②学習者の視線を集めてから話し始める。

③学習者が作業中や活動中には話さない。

④面白く、そしてわかりやすく話す。

　①の「静かになるまで待つ」は、認知力の低いクラスだと、いつまで

も話が止まりません。そうした場合は、まず、なぜ自分が無言でいたかの意図を伝えることから始めます。

④の「面白く、そしてわかりやすく話す」には訓練が必要です。自分の授業を録音し、指示は明瞭か、無駄な説明はないか、そして何よりユーモラスに話せているかを確認します。

名だたる授業達人は、みんなこのようにして自分の発話を分析し、学習者の注意を引きつける話術を研究しています。

アプローチ②　授業構成を見直す

ルールの徹底とともに大切なことは、授業構成そのものを見直すことです。学習者の興味を引く学習課題を設定し、その課題を達成するために、学習者が見通しをもちながら主体的・対話的に学べるような構成を築いてください。簡単にいってしまえば、学習者がおしゃべりをする暇がないほど、面白く、テンポのいい授業を目指します。

アプローチ③　席順を見直す

おしゃべりが減らないということは、そもそも学級の中にコミュニケーションが起こりやすい環境にあるということです。こうした場合、席順を考慮するだけで、学習者が劇的に変わることがあります。

誰と座らせるのか、どこに座らせるのか、そこに座るメリットは何なのか、こうした点を考慮して席順を決定すると、うるさいおしゃべりが質の高い「対話」に進化することもあります。

アプローチ④　学びの姿を振り返らせる

おしゃべりを減らすには、授業の「振り返り」も有効です。学習内容だけでなく、学んでいる姿を振り返らせてください。学習者は、おしゃべりしている自らの姿を振り返れるようになると、メタ認知能力を高め、望ましい学習者へ変わるための自己調整力を身に付けます。

9 勉強する意義を見出せない

✧「なんで英語を勉強する必要があるの?」

　英語学習に意義を見出せず、「なんで英語を勉強する必要があるの?」を連発する学習者がいます。なぜこういった思考に陥るのでしょう。

A)　初学時に、学ぶ必然性を実感できなかった。
B)　夢や目標が見つけられず、悶々としている。
C)　学習者なりに努力したが、それが報われず投げやりになった。
D)　授業が成功体験の積み重ねになっておらず、面白くない。

アプローチ①　ガイダンス機能を充実させる

　「なんで(英語を勉強する必要があるの)?」を減らすための最初の一手は、英語学習ガイダンスを充実させることです。

　私たち自身もそうですが、何かと出会ったときに、最初の段階で「これは大切だ」とマインドセットされると、その後は疑念を挟まなくなるものです。

　そういった意味で、初学段階での英語学習ガイダンスが重要です。

　指導者は、英語学習の意義をわかりやすく説明し、学習者の心に「英語学習は大切なものなんだ」という意識を刷り込みます。

　たとえば、私が漁師町の学校に勤務したときは、ガイダンスで魚群を

探知するためのソナーの説明書を用いたことがあります。

　説明書で使われる言葉の半分近くはカタカナ英語である上、LED Indicator、Deteriorated、Too cold、Bluetoothなどのように難しい単語がポンポン出てきます。

　これを見ると、「俺は漁師を継ぐのに、なんで英語を勉強する必要があるの？」と言っていた男子も「うーん」と唸らざるを得ませんでした。

✦ アプローチ②　「英語が楽しい！」を目指す

　学ぶ意義を考えさせるよりも効果的なのが、自らの授業を改善し、英語学習は「楽しい」と思わせることです。

　学びを自分事の本質的なものにする、楽しい雰囲気をつくる、歌・ゲーム・動画等を取り入れる、協働学習の場面を多くするなどして、授業にワクワクの要素を取り入れれば、「なんで？」なんていう疑念は浮かびません。

　といっても、毎回いい授業ができるわけではありません。ときには、「ごめん。次はもっといい授業をするから勘弁して」と素直に話したほうが協力的になる学習者もいます。

　「なんで？」は、自らの授業を見直すチャンスでもありますので、こうした声を真摯に受け止め、日々の教材研究に励みましょう。

✦ アプローチ③　一人ひとり別の物差しで評価

　C）やD）の場合は、教師のフィードバックが的確でなかった可能性があります。学習者なりに努力をしたのに、投げやりになったり、面白くないと思ったりするのは、自らの取り組みを正当に評価してもらえなかったことに対する不満の表れです。

　こういう場合、教師は、学習の結果ではなく過程を評価します。

　正しい過程の先に立派な成果があるのですから、まずは、一生懸命取り組んだだけでも十分だと考えましょう。

10 読めない

✧ 読めない理由

「読み」が苦手な学習者がいます。

具体的には、以下のような理由が考えられます。

A) 読めない文字があったり、単語になると読めない。

B) 英文になると音読できない。

C) 練習によって教科書なら読めるが、他の英文は読めない。

D) 初見の英文になるとあきらめてしまう。

✧ アプローチ① 入門期の指導を見直す

A) のパターンは、英語の文字と音声が一致していない可能性があります。ぜひ、フォニックスからやり直してください。

アルファベットカルタやアルファベットクイズで、アルファベットには「名称」と「文字がもっている音」があることを確認しましょう。

それと同時に、単語は、音の足し算であることを理解させます。

アプローチ②　多様な読みの練習を取り入れる

> 一文（一語）交代読み　／　役割読み　／　パートナーチェンジ読み
> 制限時間読み　／　追いかけっこ読み　／　一息読み

　B）のパターンは、教師が多様な「読み」の指導スキルを習得し、教科書を用いて実践する必要があります。

　上記は、その一例ですが、これにゲーム性や競争を取り入れると、学習者は楽しい雰囲気の中で練習に取り組めるようになります。

 ## アプローチ③　読めない子を支援する

　C）のパターンには、クラスの集団力を駆使し、学習者全員で伸びていくシステムをつくるのが効果的です。

　教師は音読練習の際、机間指導をしながら学習者の口の動きと発音に注意します。そして、この子は発音・スピード・声量ともに申し分ないと判断できたら、「教師分身の術」（第4章7）を使います。

　分身教師には、教室に点在するスローラーナーを指導してもらいます。気付くと、教室はいつの間にか先生だらけになっていて、スローラーナー一人ひとりがマンツーマン指導を受けられるようになっています。

アプローチ④　読ませる文の背景を説明する

　D）のパターンには、これから読む英文に対して、その英文の背景や場面・状況などを補足し、ワクワク感やドキドキ感を創出します。

　こうすることで、学習者は英文そのものに関心をもつようになり、なんとか理解しようと読み始めます。そして、これを積み重ねていくことで、初見の英文でもあきらめないで読もうとするようになります。

11 書けない

✧ 書けない理由

　漢字練習のように書いて覚えることの苦痛と、書くスピードがみんなより遅いという劣等感が、英語嫌いを加速させます。また、話す活動には生き生きと取り組むのに、「書く活動」になったとたんに「Shut-down learner」になってしまう学習者もいます。理由はなんでしょう？

A)	何を書けばいいのかわからない。
B)	文法や文型がよくわかっていない。
C)	語順がめちゃくちゃになってしまう。
D)	何を参考に、どうやって書けばいいのかわからない。

✧ アプローチ①　まずは「書きたい！」をつくる

　A）の場合、指導のカギは「書きたい！」をつくることです。そのためのキーワードは「目的・場面・状況」の設定です。

　たとえば、クイズをつくる、パンフレットを作成する、ALTに手紙を書く、こうした「目的・場面・状況」を設定することで「相手意識」が生まれ、「書きたい」という気持ちが芽生えます。

　とはいうものの、何を書いていいのかさっぱりわからないのがスローラーナーです。そういったときにはウェビングをします。仲間とアイデア

を出し合うことで自分の考えをもち始めます。

アプローチ②　音声で十分に慣れ親しませる

　B）の場合、学習者には音声で十分に慣れ親しんだものの中から選んで書かせます。この際、教師は、スローラーナーの話す力と書く力が統合されるような意識付けを行います。

アプローチ③　英語の語順感覚を身に付ける

　C）の場合、英語の語順感覚を養うのに、英文をセンスグループごとにスラッシュなどで区切り、それを英語の語順で訳していくサイト・トランスレーショントレーニング（通称サイトラ）が極めて有効です。

　詳細は本章15の「語順が身に付かない」を参照してください。

アプローチ④　学習ツールを使いこなす指導

　D）の場合、学習ツールの使い方の訓練が不足しています。スローラーナーこそ、たとえば、教科書・ワークシート・辞書などを使って自らの課題を解決していく力を身に付けなければいけないのに、実際にはその力が身に付くような指導がなされていません。

　現在は、GIGAスクール構想で1人1台端末の整備がほぼ完了しました。タブレットであればホームボタンを長押しするなどして利用できるAIアシスタント機能、PCならネット上の翻訳サイトを利用して英作文に挑戦するのもいいでしょう。

　たまに「それでは本当の英語力が身に付かない！」とおっしゃる方がいます。そうでしょうか？　今後は、むしろ様々なツールを活用して課題解決する力が「自力」と見なされるようになります。

　ツールも使わせないようなつまらない授業をするのではなく、ツールを駆使して課題解決に挑み、それをきっかけに本質的な英語力を飛躍させる学びのほうが、今後はよっぽど重要です。

12 聞けない

英語が聞けない理由

英語を「聞くこと」に対して苦手意識を感じる学習者はたくさんいます。そんな学習者を分析してみると、どうやらその原因には、多分に心理的要因があるようです。

具体的な苦手意識は以下のようなものです。

> A) 聞く英文が長すぎて途中で集中力が切れる。
> B) 一部を聞き逃すとそれが気になって、後の文が頭に入らない。

豊かなアウトプットを生み出すには、良質で多量なインプットが必要なのに、これでは英語ができるようになるわけがありません。

アプローチ① プレ・リスニング

聞くことが苦手なスローラーナーには、「プレ・リスニング」が有効です。「プレ・リスニング」とは、これから聞く英文に対して興味をもたせ、聞こうとする姿勢を養う活動です。

たとえば、最低限の予備知識を与えてから聞かせると、学習者はなんとなく全体像をつかんだような気になります。また、聞き取るべきポイントを示すと、集中力は途切れにくくなります。

アプローチ②　英文を聞く目的をハッキリさせる

　個々の単語にこだわりすぎることを改め、英文を聞く目的をハッキリさせることも大事です。

　そのために、教師は、そのリスニングで全体を理解すればいいのか、それとも大切なポイントだけを聞き取れればいいのか、そういった点をハッキリとさせます。

　ただし、いずれ、より高度な聞く力を養うためには、リスニング後に英文全体を精読したり、それに使用した文法や慣用句の確認をしたり、語・句・節の切れ目を確認したりする指導も必要になるので、聞く力を育てるための長期的展望をもちながら、段階的に指導していきます。

 ## アプローチ③　聞く英文よりも速く読む

　聞く力を鍛えるには、実は、音読練習を大切にする必要があります。**速いスピードでの音読練習は、「Ear Opener」ともいわれています。**

　普段自分たちが聞く英語よりも、ずっと速いスピードで読む練習をすると、聞く英語が遅く感じるようになるのです。

　これを、実際に教科書を使って学習者に体験させてみてください。最初は速くて聞くことができなかった英文が、まるでスロー再生しているように聞こえます。

聞く英文に興味をもたせ、リスニングの目的をハッキリさせよう！

13 話せない

✦ 話せない理由

「話せない」理由も様々で、次のようなことが考えられます。

A) 授業が英語を話したくなるような雰囲気ではない。
B) 間違えてはいけないと完璧主義に陥る。
C) 知識・技能（単語、文法、発音、語順等）が不足している。
D) 話す練習が不足している。

どんなに勉強が苦手な子でも、本当は「ペラペラ話せたら格好いいだろうな」と思うものです。

✦ アプローチ① 安心できる環境づくり

授業に安心してチャレンジできる雰囲気がないと、誰だって話す気にはなれませんが、そういった雰囲気が損なわれる要因は二つあります。一つは教師の存在で、もう一つは意地悪な他の学習者の存在です。

教師自身の振るまい方は第２章に記しましたので、ここでは、学習者への対処方法を記します。

無視したり、威圧的であったり、マイナス発言をしたり、そんな態度を「ネガティブストローク」といいます。学習者は、仲間からの「ネガ

ティブストローク」に接すると、萎縮して英語を話せなくなります。

　こうした場面に触れたら、教師は言葉かけで対応します。たとえば、人の発表を小バカにするような態度をとる学習者がいたら、「じゃあ、○○さん、お手本を見せてくれる?」とか、あるいは「○○さん、そんなこと言うんだったらいいアドバイスをしてあげて」などと対処します。

　こうした言葉かけをすると、多くの場合は「うっ」と言葉に詰まります。そうなったら「ね、難しいでしょ!」と穏やかに諭します。教師のこうした対応には、周囲の学習者も安心感を覚えるでしょう。

　その上で、意地悪な態度をとった学習者は、後に個別で呼び出します。そして、本人に自らの行動を振り返らせます。意地悪な学習者の意地悪な態度はなかなか直るものではありませんので、短気を起こさず、気長に指導します。

✨ アプローチ②　完璧主義者には無理に話させない

　完璧主義の学習者に、無理して話をさせようとしてはいけません。完璧主義は本人の特性です。それよりも、間違いを恐れずガンガン話す他の学習者に優先的に話させ、その姿をクラスで共有してください。

　そのようにしていると、授業には心地よい安心感が生まれてきます。すると、完璧主義の学習者でも少しずつ発話しようという気になります。

　たまに、「あの子は成績がいいから本当は話せるのに話そうとしない。卑怯だ」などと言う人もいますが、無理に追い込むような指導をしてもいいことはありません。話そうとしない原因をつくっているのは、むしろ自分ではないかと自省する姿勢をもちましょう。

✨ アプローチ③　話したい気持ちを高める

　C)とD)への対処法は、すぐに話をさせようとせず、十分に「聞かせる」ことを大切にしてください。そうすることで、重要な語句や表現に慣れ親しませます。さらに、学習者の興味をそそる「目的・場面・状況」を設定することで、話したい気持ちを高めます。

14 単語が覚えられない

✦ 単語が覚えられない理由

　ベネッセ教育総合研究所が、2015年の3月から4年間、継続的に行った調査の結果を見てみると、高校1年生の7割〜8割の学習者が「単語を覚えるのが難しい」「英語のつづりを覚えるのが難しい」と回答しています。同様の結果は、他の調査でも見て取れます。つまり、単語学習は、英語学習者に共通した課題といえるのです。

　単語が覚えられない理由は、次のようなことが考えられます。

A）　音と文字が結び付かない。
B）　1回で覚えようとしている。
C）　覚えるのが地味でつらいと感じる。
D）　単語の勉強の仕方がわからない。
E）　文脈の中で覚えようとしていない。

✦ アプローチ①　前向きな気持ちをもたせる

　そもそも、単語学習は地味でつらいものなのですが、少しでも前向きな気持ちをもたせるために、以下のポイントに気を付けてください。

- 楽しく、短い時間を積み重ねていく。
- 小さな成功体験を積ませる。

・学習効果を実感させる。

　こうしたポイントをおさえた活動の一つとして、ビンゴゲームが挙げられます。ビンゴは英語の苦手な学習者でも勝てるので、みんなが楽しく学べます。また、事前にビンゴで新出単語に慣れ親しんでおくと、後に教科書でその単語に出会ったときの負担感が軽減します。

アプローチ②　単語指導のバリエーションを増やす

- フォニックスの指導をする。
- １年分の単語シートを先渡しする。
- QRコードやCDで、いつでも発音を確認できるようにする。
- ジェスチャーや絵などを使って文脈の中で導入する。
- デジタル教科書を使用してテンポよく学習をする。
- 接頭語や接尾語の組み合わせで教える。
- 単語の成り立ちを教える。例：an ＋ other ＝ another
- 歌を歌って語彙を増やす。

　教師が上記のように多彩な指導方法を身に付け、それを学習者と共有する中で、学習者が自分に合った効率的な学習方法を選択できるようになると、単語学習に対して前向きな気持ちがもてるようになります。

「単語テストの時間がもったいない」へ導く

　私が学校現場にいた最後の３年間は、単語テストを実施しませんでした。ある学習者が「先生、単語テストの時間がもったいないです。もっと会話をしたいです」と発言したのがきっかけでした。

　私は半信半疑というより、むしろ怖い気持ちで単語テストをなくしました。そして、浮いた時間を使って、言語活動の充実に努めました。すると、単語の定着率は落ちないどころか、むしろ高まったのです。

　楽しい授業を追求していくと、学習者の自律性が高まり、こういったことも起こるのだと初めて知りました。

15 語順が身に付かない

✧ スローラーナーには語順が難敵

　スローラーナーにとって最も理解しにくいのが英語の語順です。特に、「書く」「話す」を苦手とする学習者は、日本語の語順に英単語を当てはめて考えるので、英文がめちゃくちゃになってしまいます。

✧ アプローチ「サイト・トランスレーション」

　語順を身に付けるには、「サイト・トランスレーション」が有効です。これは、英文を意味のかたまりごとに区切り、英語の語順で日本語に訳していく学習法のことで、通称「サイトラ」と呼ばれます。

【従来の訳し方】

　I went to Aomori to eat apples with my family yesterday.
　私は、昨日、家族と一緒に、リンゴを食べるために青森に行った。

【サイトラでの訳し方】

　I went to Aomori / to eat apples / with my family / yesterday.
　私は青森に行った/リンゴを食べるために/家族と一緒に/昨日

　通訳者を目指す人たちの一般的なトレーニングとして知られているサ

イトラですが、学校教育ではスローラーナーに配慮して、教科書本文を
次の手順で区切ります。

【教科書本文の区切り方】
　①「主語＋述語」で区切る。
　②「,」「.」で区切る。
　③前置詞の前で区切る。
　④接続詞の前で区切る。
　⑤主語が長いときは主語で区切る。

 ## サイトラシートの作成と活用法

サイトラシート

① Hello, everyone.	① こんにちは，みなさん。
② I'm Yoshida Miku.	② 私は・吉田ミクです。
③ I **went** to Ehime	③ 私は・**行った**・愛媛に
④ with my family	④ 家族と一緒に
⑤ **during the spring vacation**.	⑤ **春休み中に**
⑥ We rode the *Botchan* Train	⑥ 私たちは・乗った・坊っちゃん列車に
⑦ and visited Matsuyama Castle.	⑦ そして，訪ねた・松山城を
⑧ We **also** enjoyed the hot springs	⑧ 私たちは・**また**・楽しんだ・温泉を
⑨ in Dogo.	⑨ 道後で
⑩ **We had a lot of fun.**	⑩ **私たちは・とても楽しんだ。**
⑪ Thank you.	⑪ ありがとう。

※『TOTAL ENGLISH2』(学校図書)より

教科書を意味のかたまりで区切ると、こうしたサイトラシートが完成します。このシートを使うと、ペアで次のような練習ができます。

ヨミトラ （読む練習のサイトラ）	一方はチャンクごとに英文を読み、もう一方はその英文を復唱する。
シャベトラ （しゃべる練習のサイトラ）	一方がチャンクごとに英文を読んだら、もう一方はそれを日本語に訳す。それができたら、一方が日本語を読んで、もう一方は英文に訳す。
カキトラ （書く練習のサイトラ）	サイトラシートを用いて、英文を見て日本語に訳す。それができたら、日本語を見て英文に訳す。

サイトラの利点

サイトラには以下のような利点があります。
- 4技能をバランスよく鍛えることができる。
- ペアワークが機能する。
- どんな英文も理解しやすく、英語を使っている気になる。
- サイトラをうまくこなすには読む練習が欠かせないので、真剣に読む練習に取り組むようになる。
- 家庭学習と授業を連動させることができる。

　実は最近、教科書指導についての相談を受けることがよくあります。主体的・対話的で深い学びを実現するための授業改善に向けて、多くの先生方は、言語活動の進め方についてはある程度イメージできるようですが、教科書指導のイメージをつかめないようです。
　確かに、学校訪問で授業を参観させていただくと、相変わらずの逐語訳であったり、教科書本文の文法説明に終始したりする旧態依然とした教科書指導を見かけます。
　そういった先生方には、サイトラをおすすめします。教師が一方的に教科書の内容を「確認」する古いスタイルは改め、サイトラのように学

習者が生き生きと学び出す教科書指導にシフトチェンジしてください。

 ## サイトラで期待される効果

　英文を頭から訳すので読解のスピードが上がり、英語の音声をそのまま理解できるようになります。また、大切な情報が最初に出てくる英語を文頭から理解することで、「英語ロジック」が身に付きます。

　そして何より、英語を理解するスピードが格段に上がるので、同じ時間でより多くの英文を読めるようになります。

　文科省も、英文を頭から訳していく指導を推進しています。そういう観点からも、サイトラは是非とも身に付けておきたい指導法です。

 ## 「マジカルナンバー7±2」理論

　サイトラは手法そのものがスローラーナーにとって学びやすいものです。みなさんは、「マジカルナンバー7±2」理論をご存じでしょうか。

"The magical number seven, plus or minus two: Some limits on our capacity for processing information"

（認知心理学・ミラー・1956）

人間が瞬間的に記憶できる情報の最大数は7前後、すなわち7を中心としたプラスマイナス2の範囲内であるといわれています。

　英語の場合、単位を「語数」に置き換えたとすると、瞬時にリピートできるのは最大7語と仮定できます。おそらく、スローラーナーだと5語程度と考えたほうがいいでしょう。ところが、日頃の「読み」の練習を見てみると、read & look upにしてもshadowingにしても、明らかに7語以上のアウトプットを要する場面が頻発します。これは、スローラーナーの認知にとっては完全にオーバーワークです。よって、文章を学習者が記憶しやすいようにチャンクで区切り、しかも繰り返し練習するサイトラは、スローラーナーにとっても取り組みやすい活動といえます。

16 家庭学習に取り組めない

✧ 家庭学習の問題点

　家庭学習とは、基本的に「宿題＋自主学習」のことです。家庭学習には、学習方法・学習内容・学習習慣の定着など多くの効用が見込めるので、教師は躍起となって家庭学習に取り組ませようとします。

　ところで、こんな経験はありませんか。学力を上げたいから宿題を出す。それをやってこない学習者がいるから叱る。

　こんなことが毎時間繰り返されるから英語嫌いが増える。しまいには、人間関係までこじれる。実は、私もこの連続でした。

　スローラーナー指導に見る家庭学習の問題点は、主に以下の三つに集約されます。

A）　そもそも家庭学習に取り組まない（取り組めない）。
B）　取り組んだとしても、提出することが目的となっていて、作業的な学習になっている。
C）　「やってよかった」という実感に乏しいため、長続きしない。

　スローラーナーにとって家庭学習とは、私たちが考える以上にハードルが高いものです。そのため、宿題をやってこられない学習者がいたとしても、それは不思議なことではなく、むしろ、やってこられたこと自体を歓迎する姿勢をもつことが大切です。

そもそも、スローラーナーが家庭学習に取り組めるようになるには、家庭で①何を、②どのように、③どんな目安でやればいいのかが、学習者目線で明瞭でなくてはいけません。

その上で、その意義・必要性・楽しさを少しずつ実感させていきます。

 ## アプローチ①　スタートアップ時の丁寧な指導

これは、私がスローラーナーでも家庭学習に取り組めるように配慮して、毎年スタートアップ時に行っている取り組みです。

【スタートアップ時の取り組み】
　①「家庭学習の手引き」を配る（P.122参照）。
　　　→　学習指導部と連携すると効果が上がる。
　　　→　小中連携すると効果はさらに上がる。
　②家庭学習ガイダンスを実施する。
　③授業で家庭学習を疑似体験させる。
　④先輩の家庭学習の取り組みを紹介する。
　⑤互いの家庭学習を比較させる。
　⑥家庭学習に取り組めなくても叱らず、粘り強く声かけを続ける。

アプローチ②　宿題を授業に生かす

宿題を出す上で大切なことがあります。それは、宿題を授業で生かすということです。

これがあってこそ、学習者は宿題を「やってよかった」「やるといいことがある」、そして「楽しい」という実感を深めていきます。

この小さな成功体験を積んでいくことで、スローラーナーでも生き生きと家庭学習に取り組むようになります。

17 テスト勉強に取り組めない

✧ アプローチ① テスト範囲をTo Doリストにする

①テスト範囲をTo Doリスト形式で配付し、具体的に、何を・どうできるようになればいいのかをシンプルに示す。

②教師は学習者が慣れるまで、テスト範囲表とテスト計画表を使って、一緒にテスト計画を立てる。

③テスト計画表に自分の取り組みを可視化できる項目を設け、毎日の学びを振り返れるようにする。

④朝、昼休み、放課後を使い、学校でテスト勉強を体験させる。

テスト範囲をTo Doリスト形式にしたもの

締切日	やることリスト
6/25	教科書P〇〜〇の単語をスラスラと読むことができる。
6/25	上記の単語の意味をスラスラと言える。
6/26	上記の単語をスラスラと書くことができる。
6/26	Lesson3本文をよどみなくスラスラと読むことができる。
6/27	Lesson3の英日サイトラをし、間違い直しまで行う。

ポイント

- 文末は基本的に「〜できる」とする。
- 左項目は、学習「予定日」ではなく「締切日」とする。

そうすることで、学習者は日程を前倒しで終わらせようとする。

- スローラーナーは「締切日」のイメージをもちにくいので、最初は教師が示す。慣れてきたら学習者自身に決めさせる。
- **テスト範囲を、各自がテスト計画表に反映させる。**

 ## アプローチ②　授業でやったことをテストに出す

　基本的なことではありますが、**日頃の授業が、定期テストやパフォーマンステストと結び付いている必要があります。**

　スローラーナーに、「普段の授業を頑張っていれば、テストでいい点数が取れる」という経験をさせることができれば、授業に前向きになります。

　ところが、たまに日頃の授業とまったくかけ離れたテストづくりをしている先生を目にします。「応用力を身に付けさせたい」「本当の実力を知りたい」などの声を聞きますが、そもそも、定期テストやパフォーマンステストは、そういった力を測定するものではありません。

 ## アプローチ③　個別指導の時間を取る

　最後に、100点満点のテストで、一桁しか点数を取れないような学習者の指導法を教えます。

　そんな学習者には、朝、昼休み、放課後などを使って個別指導の時間を取ってあげてください。そこで、ごくごく簡単な指導をします。

　ときには「これは超大事！」といって、テストの答えをそのまま教えることがあってもいいのです。

　実際、５点しか取れない学習者が、テストで10点取ろうが15点取ろうが、評定に影響はありません。

　だったらそれよりも、意図的に少しでも多く点数を取らせ、学習者に「勉強は楽しい」「先生はプラスの存在だ」と思わせるほうが、長い目ではよっぽど大事なことです。

COLUMN

ほめよ、日本の教師！

日本の教師はあまりほめない！？

　学習者がよい発言をしても、簡単にその場をやり過ごしてしまう教師がいます。しっかりほめてあげれば、その子の気持ちを満足させるだけでなく、仲間の発言の良さをみんなで共有することができます。

　次のデータを見てください。新しいものではありませんが、日本の教育界にある土壌を知る上では参考になります。

質問「先生からしてもらったこと」

	先生からほめられた	「がんばったね」と励まされた
東京	6.3	5.9
ソウル	12.3	17.0
北京	24.3	36.0
ミルウォーキー	30.6	75.2
オークランド	10.3	52.0
サンパウロ	11.2	9.3
平　均	15.8　%	32.6　%

※数値は「しょっちゅうある」と答えた割合
※第5回国際教育シンポジウム報告書「子どもにとっての教師」(1995年〜1996年)をもとに作成

　教師のたった一言が、学習者の人生を大きく変えることもあります。私たちはそれを肝に銘じ、ほめ上手な教師でありたいものです。

第**4**章

スローラーナーを
巻き込む技&クラスづくり

1 The 裏カリキュラム

The Hidden Curriculum

　新学習指導要領は、学校の教育目標に基づいて教育課程を編成・評価・改善する「カリキュラム・マネジメント」の大切さをうたっています。

　ところで、みなさんは「裏カリキュラム」や「隠れたカリキュラム」、あるいは「潜在的カリキュラム」と訳されるThe Hidden Curriculumというものをご存じでしょうか。

　これは、アメリカの社会学者B・ジャクソンが1968年に提唱した言葉で、もともとは子供が学校に適応するために学ばなければいけない道徳的規範のことを指していました。

　ところが今は、「あえて説明されることもなく、学習者が無自覚のうちに学び取り、結果として身に付けるもの」として理解されています。

裏メニューは魅惑的

　「裏メニュー」「裏通り」「裏街道」「裏話」「裏技」「裏帳簿」「裏社会」など、良し悪しは別として、言葉の頭に「裏」が付くと、なんとなく奥深さを感じます。

　実は、これは教育も同じです。

　「君たちには〇〇が必要だから□□を頑張りましょう」という明示的な教育ももちろんいいのですが、学習者が知らず知らずのうちに学びを

深めていく「裏カリキュラム」の概念を習得すれば、教師としての奥深さが増すでしょう。

 ## 裏カリキュラムを意図的に使う

　スローラーナーは、教科書を真面目に学習するよりも、先生の脱線話を聞いたり、歌を歌ったり、クイズをしたり、英語にまつわる動画を見たりするほうがよっぽど好きです。

　これは、スローラーナーに限ったことではないのですが、勉強の得意な子は自制心が勝ることもあります。

　でも仮に、遊んでいるように見えて、実はそこに隠れた学びがあったらどうでしょう。

　いい歌だと思って熱唱していたら、知らぬ間に文法を覚えていた。授業で映画を見られてラッキーだと思っていたら、無自覚のうちに大切な表現がインプットされていた。

　このように、学んでいないようで実はそこに「学びの意図」があることを知ると、学習者の教師を見る目はガラリと変わります。

 ## The 裏カリキュラムを学べ！

　本書の最終章は、教師が「裏カリキュラム」を使いこなすことで、スローラーナーも含めたあらゆる学習者が楽しく、ワクワクしながら授業に参加できる裏技・小ネタを紹介します。

　遊んでいるようで学んでいるこのスキルを使いこなせれば、あなたのキャリアステージのワンランクアップは間違いありません！

2 ステルス・〇〇

 ## ステルスとは？

　ここでは「裏カリキュラム」の具体的な運用方法を紹介します。キーワードはズバリ「ステルス」(stealth：内密の行為)です。

　「ステルス」で思い浮かべるものといえば、レーダーに捕捉されにくいステルス戦闘機や、消費者に特定の商品やサービスの宣伝と気付かれないように宣伝するステルス・マーケティング（ステマ）です。この手法を教育に用いない手はありません。

 ## ステルス・ミュージック

　私がステルス・〇〇で特におすすめしたいのは、「ステルス・ミュージック」です。**何気なく聞いたり歌ったりしていた曲が、実は教科書の文法や重要表現と密接に結び付いていた、というもの**です。

　そもそも、学習者の立場からすれば名曲を聞いたり歌ったりするのにくどい説明はむしろ邪魔です。純粋にその音楽を楽しみたいはずです。

　ですので、その学習者心理を利用して、最初は純粋に楽しく聞いたり歌ったりさせ、ちょうどいいタイミングで英語学習と関連していたことを明かします。

　教師の立場からすれば、名曲で教えたいことを教えられたら、これほど楽なことはないですよね。

ステルス・ミュージックの具体例

　ステルス・ミュージックでは、以下のように、名曲を使って重要な文法を押さえることができます。

曲　名	歌　手	文法事項
Hello Goodbye	The Beatles	一般動詞
Let It Be	The Beatles	使役動詞
I Just Called To Say I Love You	Stevie Wonder	不定詞
Every Breath You Take	The Police	後置修飾
Have You Ever Seen The Rain	CCR	現在完了形
Don't Stop Me Now	Queen	命令文
Just The Way You Are	Bruno Mars	接続詞
When I Was Your Man	Bruno Mars	仮定法過去
Sailing	Rod Stewart	現在進行形・未来形
Only Time	Enya	疑問詞＋動詞

　たとえば、疑問詞が主語になる「疑問詞＋（助動詞）＋動詞＋目的語？」の文は、スローラーナーにはなかなか定着しない文の一つです。

　しかし、EnyaのOnly Timeを流しておけば、幻想的な音楽とともに、自然と学習者の頭の中には目標文が定着します。

 ## ステルス・ミュージックを楽しむコツ

　ステルス・ミュージックのコツは、すべてを教えようとしてはいけないということです。

　私は「サビだけは覚えよう」と言っていました。

　ポイントのみを押さえて、意図的に粗く教えることで、学習者が勝手に家で練習してくることもあります。

3 休み時間プレミア

 ## 学びは休み時間から始まっている！

　一昔前、好かれる先生といえば、チャイムが鳴ってからゆっくり教室にやって来て、チャイムが鳴る前に授業を終える先生でした。

　しかし、今はそんなことはできません。

　休み時間がいじめの温床とならぬよう、先生方はずっと教室に居っぱなしです。だったら、その時間を有意義に使ってみようではありませんか。

　福島県の授業の達人・畑中豊先生は、こうした休み時間における「裏カリキュラム」の取り組みを「休み時間プレミア」と呼んでいます。

　以下に、休み時間プレミアの進め方の一例をご紹介しましょう。

 ## ミュージックを用いた休み時間プレミア

　①休み時間に英語の歌の歌詞カードを配り、音楽を流す。
　②学習者の耳が慣れたら、まずは教師が堂々とそれを歌う。
　③歌のポイントを押さえたら、徐々に学習者にも歌うように促す。
　④ある程度歌い込んだら、文法などの種明かしをする。

　この活動のポイントは、学習者が笑ってしまうくらい教師が熱唱することです。間違おうが関係ありません。朗らかに、堂々と歌ってくださ

い。教師がそうした姿を見せないと、コンプレックスにさいなまれているスローラーナーが歌う気になるはずがありません。

「休み時間プレミア」は授業ではありませんので、日本語を用いてもかまいません。これがスローラーナーの心のハードルを下げます。

そして、こうしたことを繰り返していくと、チャイムが鳴る5分前には全員が着席するようになっています。チャイムが鳴っても着席しないようなざわついた集団には極めて有効な手法です。

✨ ポイントはEnglish-readyな状態をつくる

その他の休み時間プレミアとしては、
①英語の映画・アニメ・動画を毎回5〜6分ずつ細切れに流す
②英語クイズを行う
③新聞・雑誌を読む
④FacebookのEgnlish is Funネタを使う

などが考えられますが、いずれにしろ、この活動のポイントは、楽しみながら学習者を「English-ready」な状態にすることです。

✨ 休み時間プレミアを学習者に強要しない

とはいえ、「休み時間プレミア」を学習者に強要してはいけません。本来、学習者は休み時間に休む権利があります。

教師としては、「やったら得をする、やらなくても損はしない」という姿勢でこれに臨み、あくまでも学習者が自発的に参加したくなるような楽しくてためになる「休み時間プレミア」を提供しましょう。

"目的・場面・状況"の 優等生「えいごリアン」

「えいごリアン」を知っている?

　手の込んだ教材をつくることも大切ですが、たまには楽をしたくなる
のも教師の本音です。でも授業の質は下げたくないし…。

　そんなときは、「えいごリアン」を教材に使用することをおすすめし
ます。平成12年度から20年度までNHK教育テレビジョンで放送された
「えいごリアン」シリーズは、現在、全部で80本もの動画がネットで配
信されています。

　「えいごリアン」は外国語活動の、「スーパーえいごリアン」は外国語
科の教材として用いることができ、番組HPでは「利用ガイド」「全文訳」
「ゲーム」なども掲載されています。

「えいごリアン」は"目的・場面・状況"の優等生

　「えいごリアン」はAll in Englishで進む番組ですが、それでもスロー
ラーナーに愛されます。特別支援学級で用いたときも大人気でした。

　その理由は、

　①展開がユーモラスに進むこと

　②動画による視覚・聴覚的支援のもとに、英語がゆっくり、ハッキリ、
　　繰り返し話されること

　③言語材料が用いられる"目的・場面・状況"の設定が秀逸で理解しや

すいこと

などが挙げられます。

　新学習指導要領では、目的・場面・状況に応じて、見方・考え方を働かせながら、言語活動を通してコミュニケーションする力を養うことが求められています。おそらくみなさんも耳にしたことはあるでしょう。

　ですが、この目的・場面・状況を設定するのはけっこう大変ですよね。だからこそ、秀逸な目的・場面・状況があらかじめ設定されている「えいごリアン」を授業に使ってみましょう。

「えいごリアン」を視聴後そのまま活動へ

　これからの英語の授業は、「活動→指導→活動」の展開が主流となります。そして、「活動」の手がかりとしてOral introductionやSmall talkを充実させることが求められています。

　「えいごリアン」をOral introductionの替わりに使ってみましょう。

　まず「えいごリアン」を視聴させ、そこからTeacher-Student、Student-Studentで対話を深めてもいいし、いきなり学習課題を提示してタスクに入ってもかまいません。

　次の時間の休み時間プレミアで「えいごリアン」を流せば、超お手軽な復習にもなります。

最小限の準備で最大限の効果を狙う！

　このように「えいごリアン」を使うと、簡単に授業を展開することができます。今の先生方はあまりにも忙しすぎるので、「最小限の準備で最大限の効果」を狙っていきましょう。

スローラーナーを巻き込む指名

✧ 授業の指名方法を見直そう

みなさんはどんな方法で授業の指名を行なっていますか。まずは、以下に一般的な指名方法を見てみましょう。

①挙手指名 ：手を挙げた学習者を指名する。
②順番指名 ：列・番号などで順番に指名する。
③教師選出指名：教師が意図的に選んだ学習者を指名する。
④相互指名 ：学習者が互いに指名し合う。
⑤グループ指名：グループを指名してその中の誰かに発表させる。

スローラーナーが多い集団だと、「Any volunteers?」って呼びかけてもまず手は挙がりません。挙がったとしても毎回同じ学習者で、まるで数名と授業をしているような錯覚に陥りますよね。

こうした状況を改善し、スローラーナーでも参加せざるを得ないような指名方法について考えてみましょう。

✧ 偶発指名

クラスの重い雰囲気を変えるには、偶発指名が適しています。**偶発指名とは、サイコロやジャンケンなど誰が当たるかわからない方法で指名**

する方法です。偶発指名を取り入れると、クラス全体が適度な緊張感に包まれ、ゲーム感覚で楽しめます。

　私がおすすめする偶発指名の方法は、ずばり次の二つです。

　①ネームカード方式　②ルーレット方式

　どちらも原理は同じです。ネームカード方式の場合は、名前でも、名簿番号でもいいので、クラスの人数分だけカードをつくって、それを教師か学習者が引いて発表者を決めます。

　ルーレット方式は、アプリを使えば簡単に作成できる上、画面をタッチするとダンダダダ…とドラム音まで鳴ってムードが高まります。

　さらに、偶発指名には、発表を終えた学習者を抜いていく方法と、毎回全学習者を対象とする方法があります。これは実態に合わせて使い分けてください。

写真は、グループから発表者を1名選出しようとしている場面です。この方法だと楽しさと緊張感が入り交じり、学習者は毎回ドキドキです。

✨ 学習者を追い込む指名はNG

　たまに、発言するまで立たせておくなど学習者を追い込む教師を見かけます。これは絶対にNGです。これでは英語嫌いが増えますし、授業のテンポも乱され、何一ついいことはありません。

　偶発指名は、全員に発表させることを目的とするのではなく、「全員に発表のチャンスを与えることを目的」とします。そのため、発表できなくてもそれはOKで、むしろ、発表できる学習者がすごいのだと発想を変えてください。

　最後に、偶発指名だけだと、意識の高い学習者の意欲がそがれる可能性もあるので、それ以外の指名方式も取り入れてください。

6 助け合う集団への意識改革 A Win-win Relationship

✦ ガイダンス機能の充実

中高の学習指導要領には、学習者が学校生活に適応して良好な人間関係を築き、楽しく充実した学校生活を送れるように「ガイダンス機能の充実」について書かれています。

私は授業開きの際、これに倣って英語学習ガイダンスを実施し、①自らの授業の信念、②授業の進め方、③テストの実施方法、④宿題・家庭学習の取り組み方、そして、⑤英語の授業で教師が望む人間関係、について説明します。

✦ The Learning Pyramid

上記⑤の「英語の授業で教師が望む人間関係」については、英語の授業で実施するペア・グループワークや教え合い学習のねらいをしっかりと説明し、それがいかに自分たちにとって価値あるものなのかを理解してもらいます。

その際には、アメリカ国立訓練研究所のThe Learning Pyramid（学びのピラミッド）を用います。これを使うと学習者も腑に落ちます。

ペア・グループを組むと、ややもするとファストラーナーはスローラーナーと一緒になるのを嫌がります。だって、自分はどんどん進みたいのに、仲間の面倒を見なくてはいけないのですから…。

そこで、The Learning Pyramidを示しながら、**学んだことを人に教えることは自らの学びの定着につながること、わからないところを仲間に聞くことは実は相手のためにもなること**、そして、その関係を"A Win-win Relationship"ということ、について説明します。

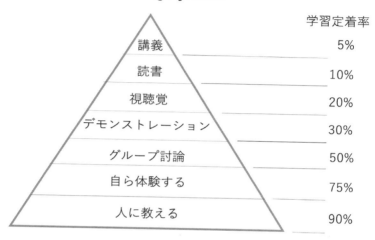

The Learning Pyramid

	学習定着率
講義	5%
読書	10%
視聴覚	20%
デモンストレーション	30%
グループ討論	50%
自ら体験する	75%
人に教える	90%

A Win-win Relationshipにおける「五つのC」

A Win-win Relationshipが築かれた学習集団は、以下の五つのCを実現します。そして、ただの一人も取り残すまいと、みんなで助け合いながら成長していこうとする集団に変容します。

【五つのC】
①仲間と助け合い、協力し合える。　　(Cooperation)
②仲間と競い合える。　　　　　　　　(Competition)
③仲間と情報交流や意思疎通ができる。(Communication)
④内容や英語について理解し合える。　(Comprehension)
⑤仲間に配慮し、仲間を思いやれる。　(Consideration)

7 教師分身の術

✧ 教室に教師は何人いる？

　みなさんの教室に教師は何人いますか。私の教室には、あちらこちらに教師がいました。といっても、教員の加配が実現していたわけではありません。ある術を使うのです。

✧ 教師分身の術

　その術とは、名付けて「教師分身の術」です。忍者が分身の術を使うように、教室に次から次と教師が増えていきます。

　学級には、スローラーナーもファストラーナーもいます。両者が同じ土俵で学ぶのですから、学習進度に差が出るのは当然です。

　だからこそ、ファストラーナーには自らの課題が終了したら教師に変身してもらって、スローラーナーの面倒を見てもらいます。

　時間が進むにつれて教室には次々と教師が誕生し、あちらでもこちらでも学びが起こります。

✧ ファストラーナー指導！

　矛盾しているようですが、スローラーナー指導を充実させるには、まずはファストラーナー指導を充実させます。これは、見落とされがちな

事実です。

　たとえば、パフォーマンステストに向けて個人練習の時間を取ったとします。きっと、ファストラーナーはルーブリックに沿って一生懸命練習をするでしょう。教師は、そうしたファストラーナーの到達状況を厳しくチェックします。発音・ジェスチャー・アイコンタクト・内容等、妥協してはいけません。

　こうして、ファストラーナーは評価の観点を体験的に学ぶことで、自らが教師になるための準備を完了させます。

 スローラーナーは仲間から安心感を得られる!

　スローラーナーにとって頼りになるのは、何といっても仲間の存在です。まずは自力で課題解決に挑みますが、仮にそこで解決に至らなくても、**後に仲間が教えてくれるとわかれば、安心感が違います。**

言葉かけを駆使して集団のやる気アップ

　教師分身の術では、教えてwin、教わってwin、つまりみんなが「いい気分」になっています。いい気分のときは、スローラーナーでも教師の言葉が直接心に届きます。このチャンスを逃す手はありません。

　教師は、学習者の前向きな姿を確実に見取り、平凡な「頑張ったね」「すごい」ではなく、少し大げさなくらいの言葉かけを駆使して、学習者のやる気をアップさせます。

　「今日はこんなに難しい課題なのに、互いに支え合いながら本当によく頑張ったね。二人ともできるようになって、先生は驚いたよ。このままだったら、二人とも次のテストで満点取るんじゃないか!」

　学習者がA Win-win Relationshipを理解していれば、こんなすばらしい技も使えるようになるのです。

8 裏技・小ネタの仕入れ方

✦ 街中が教材であふれている！

　そもそもいい教師は、私たちを取り巻く日常の中に、教材化できるような素材を求めて常に高いアンテナを立てています。

　みなさんも、学級通信で名言を紹介したり、ホームルームで新聞記事を紹介するために、日頃から教材収集に努めていると思います。

　その視点を教科教育にも生かしてみませんか。こうした視点をもって周囲を見回すと、あらゆるものが教材に見えてきます。

✦ ネタはテレビCMやYouTubeから

　一番のおすすめはテレビCMの活用です。CMネタは絶えず新しいものに更新されていきますから、まさに「ネタの泉」です。また、YouTubeを使えば、過去のCMを簡単に視聴することができるので、これは「ネタのダム」と呼んでもいいのではないでしょうか。

　ステルス・CMを例に見てみましょう。以前、家庭教師のトライのCMでは、「mother、mをとったら他人です」という名言が流れていました。このCMを休み時間に流しておきます。

　motherはスローラーナーでも覚える単語ですが、otherの「別の」や「他人」という意味はなかなか定着しません。

　ましてやanotherなど難しくて難しくて…。でも、このCMを使えば

118

一発で理解します。種明かしをすると、「おー！」と感嘆の声が漏れるほどです。

SNSは「魔法の玉手箱」

SNSのネタもすごい！　SNSの場合、こちらがネタを取りに行かなくても、向こうから最新情報を「通知」してくれるので、「ネタの玉手箱」といってもいいでしょう。

私がおすすめするのは、Facebookの"English is Fun"というコミュニティです。ここには、中学生でも理解できる簡単な英語で書かれたジョークがあったり、なぞなぞに使えるネタがゴロゴロ転がっています。

SNSで世界中の学者や教師とつながるのもいいでしょう。すごい方々は、自らの知見を日々ネット上にアップロードしています。

そういった情報に毎日目を通すだけで、自らの教師力をアップデートすることができます。

大事なのは情報の共有

まだまだ情報ソースはあります。外国の映画、マンガ、新聞、雑誌、パンフレット、チラシ、看板などなんでも教材になります。そして、これらをステルス・○○にして効果的に用います。

できれば、自分でつくった教材は他と共有してください。楽しい裏技・小ネタ教材をみんなで共有することができれば、一人でもスローラーナーを減らすことにつながります。

授業を共につくる

授業改善アンケート

通常、学習者は教師によって評価されるものですが、小中高においては、教師が学習者から評価されるということはあまりないようです（大学では教員が学生から評価される）。

でも、授業の主役は学習者です。その主役が授業をどう思っているかということは、実はとても大切なことです。また、私は常々子供たちに「授業は学習者と教師が共につくり上げるもの」と言ってきた手前、年に２回、アンケートを使って必ず自分の授業を子供たちに評価してもらいました。

教師の素直な姿勢に学習者の共感が高まる

子供たちには、「正直にアンケートに記入してほしい」とお願いしています。そして、「先生のダメなところは必ず直す」とも約束しています。だから、ときにはなかなか手厳しい意見が飛んできます。また、こちらは良かれと思ってやっているのに、その意図が全く子供たちに伝わっていないことがわかったりもします。

そんなときは、私は素直に自分の力不足を謝罪し、「必ずもっといい授業にする」ことを約束して、実際に授業改善に努めます。

こうして、年間を通じて学習者のフィードバックを受けながら、形成的に授業を進めていくと、自らの授業の腕前が上がるばかりか、学習者との間に絶大な信頼関係を築くことができます。

たまには無理な要求をしてくる学習者もいますが、それはそれで受け流すようなことはせず、なぜその要求を飲めないのかを丁寧に説明します。こうして学習者と共に授業をつくり上げていくと、学習者と教師の垣根が取り払われ、心地よい一体感が出てきます。

授業改善アンケート

令和元年度前期　英語　授業改善アンケート

このアンケートでは，授業をより良いものにするために，皆さんから率直な意見を聞きたいと思っています。どうかご協力をお願いします。

（1）指示・コミュニケーションは英語，説明は日本語
■取組のねらい：
英語の授業は原則として，「指示・コミュニケーションは英語，説明は日本語」という方針で行っています。そこで，英語・日本語の使用頻度が皆さんにとってどうだったか教えてください。

1　良かった　　2　どちらかといえば良かった　　3　どちらかといえば良くなかった　　4　全然良くなかった

【評価の理由やさらなる改善案をできるだけ具体的に書いてください】

（2）ペア・グループでの speaking 活動（sushiro, trio-discussion, re-telling 等）
■取組のねらい：
授業の冒頭や ALT の訪問時には，前に習ったことを使って，できる限りペアやグループでの speaking 活動を取り入れてきました。この取組をどう感じるか教えてください。

1　良かった　　2　どちらかといえば良かった　　3　どちらかといえば良くなかった　　4　全然良くなかった

【評価の理由やさらなる改善案をできるだけ具体的に書いてください】

（3）サイトラ
■取組のねらい：
①「聞く・話す・読む・書く」をまんべんなく鍛える，②生徒主体となってペア活動で行う，③やり方がわかれば一人で学習を進められる，ことを目的にサイトラを行っています。

1　良かった　　2　どちらかといえば良かった　　3　どちらかといえば良くなかった　　4　全然良くなかった

【評価の理由やさらなる改善案をできるだけ具体的に書いてください】

（4）授業で，支持できる・良かった・続けてほしい・印象に残っている，ことを教えてください。

（5）授業で改善してほしい点があったら教えてください。

（6）最後に，より良い授業をつくるために何か意見があったら自由に書いてください。

＿＿＿＿＿年　　男　・　女

アンケートへのご協力，ありがとうございました。貴重な回答を，今後に活かしていきます。

〈参考資料〉
家庭学習の手引き （P.99参照）

家庭学習の手引き

家庭学習の目安（時間を決めて学習）

私が目標とする家庭学習の時間は＿＿＿＿＿＿です。

※一人勉強の時間の最低限のめやすは「学年×３０分」です。

家庭学習の手順

1. 学校からもらった手紙やプリントを家の人にわたします。
2. 机の上や周辺をきれいにします。
3. スマホやゲームをやめて、テレビは消します。
4. その日の学習内容を確認します。（学習の優先順位をつける）
5. 部屋や机の上が暗いときは明かりをつけます。
6. 目標をもって勉強します。
7. 次の日の道具をそろえます。

家庭学習と授業の連動

- 【暗記型】
  授業で習った漢字（国語）、単語（英語）、計算（数学）、重要語句（理科・社会）は、一人勉強ノートに反復練習をし、その日のうちに覚えてしまいます。
- 【おかず型・まとめ型】
  ノートやワークシートを使ってその日の学習を振り返り、大切なところは一人勉強ノートに書き出してまとめます。
- 【問題解き型・問題作成型】
  ワークやプリントで間違えた問題は、一人勉強ノートを使ってもう一度解き直します。
- 【問題解き型】
  定期テストが終わったら、一人勉強ノートに間違い直しをします。
- 【暗記型・問題作成型】
  学習コンテストがある時は、一人勉強ノートにコンテストの練習をします。

こういう一人勉強は止めよう！

- 図や絵を描いて終わるのはダメ。
- 図や絵を必要以上に丁寧に書くのはダメ。
- 漢字・単語・計算などをちょっと書いて終わるのはダメ。
- プリントを貼りつけて終わるのはダメ。
- 問題を書くことに時間をかけすぎるのはダメ。
- 色ペンや定規を使わないで見た目が汚すぎるのはダメ。

おわりに

　本書の執筆にあたっては、とことん現場目線にこだわりました。よくある「ご高説」や「きれいごと」は抜きにして、スローラーナー指導で実際に直面する困難について、なるべく具体的に、そして平易に記したつもりです。言葉足らずの面もあるとは思いますが、少しでも皆様のお役に立つところがあれば、これ以上の喜びはありません。

　それにしても、スローラーナー指導の実践は、簡単なものではありません。指導がそのときの体調・感情に左右されますし、うまくいかないことの連続です。
　私なんてつい先日も、珍しく検定試験で好結果を収めた息子に対して、「それを実力だと思って油断すると大変なことになる」などと最低の言葉かけをしてしまいました。自分が、えらそうに、「ほめ方のポイント」などと書いているのにです。

　やはり、日々の実践は難しいのです。

　私は、スローラーナー指導で一番大切なことは、教師がスローラーナーの前で謙虚であることだと思っています。子供たちの可能性を信じ、困難の一つひとつと向き合いながら、「教える者」と「教わる者」の関係性ではなく、「学びのパートナー」として伴走するのです。

　今、スローラーナー指導で苦労なさっている方の中には、もしかしたら何をやっても手応えを感じていない方もいるでしょう。しかし、その努力は、本書に示したちょっとしたきっかけや工夫で、きっと実を結びます。子供を信じることをあきらめてはいけません。「明日、世界が滅びるとしても、今日、君はリンゴの木を植える」のです。

　私は、今、教育委員会に勤務しています。先生方を前に忙しさを語る

のも野暮な話ですが、教育委員会もまた「戦場」です。絶え間なく押し寄せる業務に、日々溺れています。そして、上司・同僚の早くて的確な仕事ぶりに圧倒されています。

　周囲に引きずられるようにして仕事をし、毎日自分の無力さを情けなく思っていると、ふと「あっ、これってスローラーナーの気持ちだ」と思うことがあります。

　実は、私は、かなりの「うっかり者」です。うっかりといえば聞こえはいいのですが、自分では注意欠陥の傾向があると思っています。そんな人間に、教育委員会の仕事など務まるはずがありません。

　ところが、上司・同僚がいつも温かい手を差し伸べてくれます。「佐々木さん、あの書類は来週締切だよ」なんて声をかけてくれるのです。そのお陰で、私はわからないことについて、気兼ねなく、何度でも、安心して聞くことができます。この環境がどれだけありがたいことか。

　本書を執筆しながら、私は、すべてのスローラーナーがこうした環境で学ぶことができれば、勉強は大変でも、楽しく、充実した学校生活を送れるだろうという思いを新たにしました。

　最後になりますが、本書を、遠い空の向こうでいつも見守ってくれている父に捧げます。私にとって父は、偉大な教育者でした。私のような人間を、ただひたすら肯定的に見てくれました。私のスローラーナー指導の根底にあるものは、両親から注いでいただいた深い愛情に根差したものだと自覚しています。両親に対する感謝の心は、ただの一日たりとも忘れたことはありません。

　2021年8月吉日

　　　　　　　　　　　　　　　　　　　　　佐々木　紀人

参考文献

- 『英語教育』(大修館書店)
  - 2010. 3月号　特集「英語を嫌う生徒にどう向き合うか」
  - 2012. 7月号　特集「スローラーナーに寄り添う」
  - 2016. 5月号　第1特集「『英語が苦手』への処方箋」
  - 2017.10月号　第1特集「『英語嫌いを作らない』ために知っておきたいこと」
  - 2021. 3月号　第1特集「自分で学ぶ力が必要な今『英語が苦手』をどうサポートするか」
- 佐々木紀人、八郷正一、山本耕平、山本由貴、飯田勇人「連載　英語につまずいた生徒が前を向く指導Q&A」『英語教育』(2020.4月号 – 2021.3月号、大修館書店)
- 上山晋平『45の技で自学力をアップする！英語家庭学習指導ガイドブック』(明治図書出版、2011)
- 上山晋平、佐々木紀人『短時間で効果抜群！英語4技能統合型の指導＆評価ガイドブック』(明治図書出版、2018)
- 佐々木紀人「英語科における自律的学習者の育成を目指した指導法の研究」(青森県総合学校教育センター、2011)
- ゾルタン・ドルニェイ著、米山朝二／関昭典訳『動機づけを高める英語指導ストラテジー35』(大修館書店、2005)
- 大塚謙二『Q&A英語授業に悩んだら読む本』(学陽書房、2015)
- 山本崇雄『使えるフレーズ満載！All English でできるアクティブ・ラーニングの英語授業』(学陽書房、2016)
- 西林慶武『使える英語がどんどん身につく！中学英語4技能ペア＆グループワーク』(学陽書房、2019)
- 江利川春雄編著『協同学習を取り入れた英語授業のすすめ』(大修館書店、2012)
- 瀧沢広人『中学英語50点以下の生徒に挑む─英語の基礎・基本をからめて』(明治図書出版、2004)
- 青木直子、土岐哲、尾崎明人編『日本語教育学を学ぶ人のために』(世界思想社、2001)
- 青木直子、中田賀之編『学習者オートノミー─日本語教育と外国語教育の未来のために』(ひつじ書房、2011)
- ジョン・ハッティ著、山森光陽監訳『教育の効果─メタ分析による学力に影響を与える要因の効果の可視化』(図書文化、2018)
- 中嶋洋一『英語好きにする授業マネージメント30の技』(明治図書出版、2000)
- 樋口忠彦、高橋一幸、加賀田哲也、泉恵美子『Q&A小学英語指導法事典─教師の質問112に答える』(教育出版、2017)

- 樋口忠彦、高橋一幸『Q&A中学英語指導法事典─現場の悩み152に答える』(教育出版、2015)
- 高橋一幸、泉惠美子、加賀田哲也、久保野雅史著、樋口忠彦監修『Q&A高校英語指導法事典─現場の悩み133に答える』(教育出版、2019)
- 岡本純子『世界最高の話し方─1000人以上の社長・企業幹部の話し方を変えた！「伝説の家庭教師」が教える門外不出の50のルール』(東洋経済新報社、2020)
- 桒原昭徳『学級における授業の成立』(明治図書出版、1982)
- 嶋野道弘『学びの哲学─「学び合い」が実現する究極の授業』(東洋館出版社、2018)
- 文部科学省『小学校学習指導要領解説(平成29年告示)解説 外国語活動・外国語編』(開隆堂出版、2018)
- 文部科学省『中学校学習指導要領(平成29年告示)解説 外国語編』(開隆堂出版、2018)
- 文部科学省『高等学校学習指導要領(平成30年告示)解説 外国語編 英語編』(開隆堂出版、2019)
- 国立教育政策研究所教育課程研究センター『「指導と評価の一体化」のための学習評価に関する参考資料 小学校 外国語・外国語活動』(東洋館出版社、2020)
- 国立教育政策研究所教育課程研究センター『「指導と評価の一体化」のための学習評価に関する参考資料 中学校 外国語』(東洋館出版社、2020)

著者紹介

佐々木 紀人（ささき　のりひと）

青森県教育庁東青教育事務所指導主事

1976 年青森県平内町生まれ。神田外語大学外国語学部中国語学科卒業。1997 年北京師範大学留学。2016 年若手教員米国派遣交流事業でポートランド州立大学 Teacher Training Program 修了。学校勤務の際には教育困難校・低学力校を渡り歩き、いずれの学校の学力も大幅に伸ばす。また、12年間一日も欠かさず学年・学級通信を発行。英語教育達人セミナーやその他の研究会で発表。戦前にイギリス紙 The Times の東京通信員を務めた佐々木多門の研究家としても知られる。著書に、『短時間で効果抜群！英語 4 技能統合型の指導＆評価ガイドブック』（共著、明治図書出版）、『英語教育』「英語につまずいた生徒が前を向く指導 Q&A」（リレー連載、大修館書店）、『佐々木多門伝　世界と戦った風雪の英語人』（東奥日報社）、『The Story of Tamon Sasaki』（共著、青森公立大学）などがある。

英語嫌いをなくす！
生徒をぐいぐい授業に引き込む教師のスゴ技
個別最適で協働的な学びを実現するスローラーナー指導法

2021 年 8 月 24 日　初版発行

著　者—————— 佐々木　紀人

発行者—————— 佐久間重嘉

発行所—————— 学 陽 書 房

〒 102-0072　東京都千代田区飯田橋 1-9-3

営業部—————— TEL 03-3261-1111 ／ FAX 03-5211-3300

編集部—————— TEL 03-3261-1112

http://www.gakuyo.co.jp/

ブックデザイン／スタジオダンク

本文イラスト／尾代ゆうこ　　カバーイラスト／アマナイメージズ

本文 DTP 制作／越海辰夫　　印刷・製本／三省堂印刷

ニガテな生徒もどんどん書き出す！
中学・高校 英語 ライティング指導

上山 晋平 [著]

Ａ５判　並製　176頁　定価　2200円（10％税込）

この本を読めば、ライティングがニガテな生徒の指導がよくわかる！
指導、活動、テストなどの情報が満載！